T0113857

EL
Sufrimiento y la Respuesta de los Justos

Roberto Tinoco

WestBow
PRESS®
A DIVISION OF THOMAS NELSON
& ZONDERVAN

Puede hacer pedidos de libros de WestBow Press en librerías o poniéndose en contacto con:

WestBow Press
A Division of Thomas Nelson & Zondervan
1663 Liberty Drive
Bloomington, IN 47403
www.westbowpress.com
844-714-3454

ISBN: 978-1-6642-7814-1 (tapa blanda)
ISBN: 978-1-6642-7816-5 (tapa dura)
ISBN: 978-1-6642-7815-8 (libro electrónico)

Número de Control de la Biblioteca del Congreso: 2022916960

Información sobre impresión disponible en la última página.

Fecha de revisión de WestBow Press: 09/26/2022

En honor a:

Víctor y Elfega

TABLA DE CONTENIDO

AGRADECIMIENTOS

Deseo agradecer a Dios primeramente por la oportunidad que me da de escribir este libro que seguramente ha de ayudar a todo aquel que sufre.

Agradezco a mi familia por el continuo apoyo en mi ministerio. Primeramente, a Normita, mi esposa, por estar siempre allí cuando más la necesito y por darme siempre una palabra de aliento.

A mis tres hijos: Becky y su esposo Augusto, Alex y su esposa Marissa, y a Bobby y su esposa Luz, quienes son mi equipo en el ministerio y mis colaboradores. ¡Los amo!

También agradezco a la Iglesia Apostólica de Homestead por su respeto, apoyo y por su constante servicio. Que Dios los bendiga siempre.

PRESENTACIÓN

El sufrimiento es una de las realidades humanas que golpea a todos por igual sin hacer diferencia y sin respetar género, clase social, condición espiritual y cualquier otro asunto personal. De hecho, durante estos últimos días, el mundo ha sido sacudido por la pandemia del Covid-19, la guerra en Ucrania y los elevados costos de la medicina, la comida y la gasolina entre otras cosas.

Es basado en la condición actual que este libro se ha escrito, no solo para presentar una respuesta al mucho dolor que se está experimentando, pero también para exponer de una manera sencilla la fragilidad humana y la continua dependencia de Dios para aliviar la miseria humana.

En este libro, el lector podrá —de una manera sencilla, aprender sobre lo que es el sufrimiento, las causas de este, algunos ejemplos de personas que sufrieron a través del tiempo y qué hicieron ante la adversidad.

El sufrimiento y la respuesta de los justos es un tema que todos —creyentes, como no creyentes, necesitan leer para entender el porqué del sufrimiento que estén pasando o hayan pasado y no encuentran la respuesta todavía.

Aprenderemos que el sufrimiento no puede cambiar el carácter del creyente, mucho menos debilitar la fe, sino todo lo contrario, el resultado de la experiencia dolorosa sacará lo mejor del hijo de Dios y lo transformará para servir mejor a aquel que lo libra permanentemente de todos sus males.

La tesis principal que se maneja en este libro podría resumirse así: El sufrimiento es una realidad humana que no se puede negar y mucho menos evadir. De hecho, va a estar presente en todas las etapas de la vida, desde la infancia hasta la vejez y abarcará todas las áreas y el entorno del individuo. Cuando menos se lo espera va a hacerse presente y lo va a cambiar todo. Algunas veces para bien, otras veces —si no se tiene cuidado, para mal. Lo cierto es que es una realidad que no se puede desechar y mucho menos ignorar.

Por otro lado, debemos mencionar que el asunto fundamental del sufrimiento humano radica, —no en el dolor— sino más bien en la forma en que los seres humanos —mayormente los creyentes, responden al mismo. Ellos saben que, si están atravesando un mal momento, una prueba, una lucha o incluso una calamidad, es porque Dios lo ha permitido, y Él tiene el control de todo y no será tocado o cargado más de lo que pueda resistir (1 Corintios 10.13).

Sinceramente,
Dr. Roberto Tinoco
Julio 2022

PRÓLOGO

La obra del Dr. Roberto Tinoco, Obispo de la Asamblea Apostólica en los Estados Unidos, es una obra pertinente y relevante para nuestro tiempo.

Bajo el sugestivo título *El sufrimiento y la respuesta de los justos*, el Dr. Tinoco nos entrega no solo un libro como cualquier otro de su naturaleza. Es, a mi juicio, una obra cumbre cultivada en la experiencia de la vida cotidiana y de comunión y adoración a Dios, con un claro mensaje de esperanza para todo aquel que sufre y espera en Dios.

Sin duda, al leer con detenimiento la obra del Dr. Tinoco vino a mi memoria el libro del neurólogo, psiquiatra y filósofo austriaco, Viktor Frankl, fundador de la logoterapia y del análisis existencial. Sabemos que Viktor Frankl sobrevivió desde 1942 hasta 1945 en varios campos de concentración nazis, incluidos Auschwitz y Dachau. A partir de esa experiencia, escribió el libro que ha llegado a ser un *best seller El hombre en busca de sentido* (1946).

Para Viktor Frankl la conciencia del valor interior estuvo anclada en cosas más altas y espirituales, y no fue sacudida por la vida del campamento, donde junto con otros estuvo prisionero. El y unos pocos compañeros pudieron superar el dolor o sobreponerse a esa esclavitud y maltrato inhumano, gracias a que no renunciaron a su libertad de pensamiento y su confianza en Dios.

Su experiencia en los campos de concentración nazi da cuenta de su naturaleza heroica, demostrando que la apatía podía ser superada, y la irritabilidad suprimida. El hombre puede preservar un vestigio de libertad espiritual, de independencia de la mente, incluso en condiciones tan terribles de estrés psíquico y físico. Pero pocos son aquellos que lo pueden hacer y eso gracias a su fe y a su esperanza en un Dios que cuida de sus criaturas.

Del mismo modo el Dr. Roberto Tinoco, haciendo gala de sus conocimientos teológicos basados en las Sagradas Escrituras, y en su experiencia pastoral, explora pasajes en los que grandes personajes de la Biblia fueron sacudidos con el sufrimiento y el dolor, y sin embargo por la fe y su mirada en Dios, pudieron alcanzar buen testimonio.

Bien resume el escritor de la carta a los hebreos, diciendo que ese fue el caso de Gedeón, de Barac, de Sansón, de Jefté, de David, así como de Samuel y de los profetas; que *por fe* conquistaron reinos, hicieron justicia, alcanzaron promesas, taparon bocas de leones, apagaron fuegos impetuosos, evitaron filo de espada, sacaron fuerzas de debilidad, se hicieron fuertes en batallas, pusieron en fuga ejércitos extranjeros.

Las mujeres recibieron sus muertos mediante resurrección; más otros fueron atormentados, no aceptando el rescate, a fin de obtener mejor resurrección. Otros experimentaron vituperios y azotes, y a más de esto prisiones y cárceles. Fueron apedreados, aserrados, puestos a prueba, muertos a filo de espada; anduvieron de acá para allá cubiertos de pieles de ovejas y de cabras, pobres, angustiados, maltratados; de los cuales el mundo no era digno; errando por los desiertos, por los montes, por las cuevas y por las cavernas de la tierra. Y todos estos, aunque alcanzaron buen testimonio mediante la fe, no recibieron lo prometido; proveyendo Dios alguna cosa mejor para nosotros, para que no fuesen ellos perfeccionados aparte de nosotros

Son muchas las ocasiones en que nos cuesta comprender los propósitos de Dios cuando nos prueba o nos hace pasar por sufrimientos o tragedias. Pero son los justos los que pueden ser capaces de soportar los sufrimientos, porque saben que Dios está detrás de ellos para perfeccionarlos y hacerlos crecer como personas maduras.

La respuesta de los justos ante el sufrimiento es radicalmente distinta a la de los demás mortales. Siendo de la misma condición de naturaleza humana, con sentimientos, inteligencia y voluntad, los creyentes en Dios desarrollan una capacidad de *resiliencia* gracias a su fe y a su mirada puesta en Jesús y se sostienen como viendo al invisible.

El hecho de saberse protegido por Dios en todo momento produce en los creyentes una esperanza de gloria, pues por la fe están seguros de que las promesas del cuidado de Dios a sus criaturas son fieles y verdaderas.

Con una palabra de sabiduría y de dulzura inigualable, el Dr. Tinoco nos entrega como un bálsamo, palabras de aliento para seguir en el camino que Dios nos ha trazado. Después de leer este libro uno queda con el pensamiento muy claro que "No hay mal que por bien no venga", pues "todas las cosas ayudan a bien a los que a Dios aman".

Con infinita paciencia, el Dr. Tinoco nos conduce paso a paso para comprender por qué suceden las cosas en esta vida y nos ofrece explicaciones bíblicas de la forma cómo Dios Obra. Las preguntas más importantes que se han hecho los seres humanos, tras la experiencia de sufrimiento, las contesta el Dr. Tinoco con detenimiento y con ejemplos bíblicos. Sin duda una obra muy rica en contenido y en propuestas para sobrellevar la vida sin aflicciones en medio del dolor.

Estoy convencido que esta obra, al igual que muchos libros anteriores que escribió el Dr. Tinoco y que me honró el honor de leerlos, esta llegará a ser una muy especial, porque ayudará a millones de personas que tengan la gracia de leerla. Gracias Obispo por su ministerio y su sapiencia.

Debo dejar constancia que mientras leía esta obra pasaba yo por una situación de malestar físico o de salud deteriorada, pero los consejos vertidos aquí, aliviaron mi dolor y me dieron una fuerza y aliento poderosos. Me llenaron de esperanza y pude comprender que Dios estaba de por medio para saborear en carne propia la verdad de mi sufrimiento, llevándome a la adoración en lugar de la desesperación. Muchas gracias querido Obispo, que Dios lo siga utilizando maravillosamente.

Dr. Bernardo Campos
Doctor en Teología
Director del Instituto Iberoamericano
de Ciencias y Humanidades, en Lima-Perú

INTRODUCCIÓN

El sufrimiento es uno de los temas más conocidos por la humanidad, ya que ha estado presente en los seres humanos básicamente desde que el hombre puso sus pies sobre la tierra. Se sufre por muchas razones y de muchas maneras, tanto física como emocionalmente. Por enfermedad, pobreza, enemistad, traición, pleitos, pérdidas, violencia, abusos, aun por amor, entre muchas cosas más.

Sin embargo, el problema no es el sufrimiento en sí, sino más bien cómo se responde a él cuando se lo tiene. Muchas personas reaccionan de una manera positiva, crecen y sacan lo mejor de su experiencia; no obstante, también se encuentran aquellos quienes no comprenden el porqué de sus males y tienden a tomar caminos equivocados como respuesta a su dolor. Es basado en esta preocupación que este libro se ha escrito. Aquí presentamos los asuntos más comunes de la situación humana y las diferentes respuestas que se ofrecen al dolor. Por lo tanto, el objetivo es poder presentar alguna respuesta que pueda ayudar, aliviar y presentar una alternativa al dolor humano desde una perspectiva cristiana.

La presente obra contestará las preguntas claves que le gente se ha hecho por siglos tales como; ¿Por qué sufre la gente? ¿Por qué le pasan cosas malas a gente buena? ¿Por qué sufren los que sirven a Dios? Además, se estudiará a profundidad los temas, ¿Qué hace Dios cuando la gente sufre? ¿Le importa a Dios mi sufrimiento? Por lo tanto, esta obra abordará temas relativamente comunes, de la vida diaria, y usará ejemplos de personajes bíblicos que sufrieron y quedaron registrados en las Escrituras, así como casos de personas actuales que han experimentado dolor y sufrimiento en sus vidas.

Los temas que se presentan en esta obra servirán tanto para creyentes, como para aquellas personas qué tal vez no estén afiliados a alguna iglesia, pero que se encuentren atravesando un momento de dolor y sufrimiento en sus vidas y que desean encontrar una respuesta a lo que están viviendo.

En el primer capítulo se trata un poco sobre la pandemia del Covid-19 y las víctimas que sufrieron este mal. Allí mismo presentamos un breve análisis del daño que hizo este mal no solo en el mundo, pero en la familia de la fe también.

El segundo capítulo hace hincapié en la realidad del sufrimiento humano. En el mismo, se trata sobre la fragilidad humana y las diversas formas en que el ser humano padece por el solo hecho de vivir en este mundo. Aquí el lector podrá aprender sobre las diferentes áreas de sufrimientos que experimenta el ser humano y cómo estas afectan su calidad de vida.

En el capítulo tercero tratamos sobre el sufrimiento de Job, quien es un ejemplo único en las escrituras sobre alguien que lo pierde todo, —tanto material, como familiar, se enferma y lo peor de todo, sin haber hecho nada malo para merecer dicho sufrimiento.

Luego, en el capítulo cuarto se plantea la pregunta del ¿Por qué sufre la gente? Y con las misma se presenta de una manera sencilla las diversas fuentes del dolor humano. En este capítulo se aprenderá las diversas cosas que provocan el dolor humano y se podrá contestar algunas de las preguntas más serias que se tienen en referencia al sufrimiento humano.

En el capítulo quinto se hace énfasis en que el sufrimiento viene muchas veces por las pruebas de la vida, mayormente sobre las que envía Dios sobre aquellas personas a las que El decide probar. Después se presenta en el capítulo sexto sobre el sufrimiento por servir a

Cristo. En este capítulo se aborda el tema del precio que se tiene que pagar por servir al Maestro y hacer su obra en este mundo. Aquí se enfatiza sobre el sacrificio de los primeros discípulos del Señor, la iglesia primitiva, pero también presenta un breve resumen sobre los que han experimentado persecución a través del tiempo.

En el capítulo séptimo se aborda el engorroso tema de los peligros del sufrimiento no procesado correctamente por las personas y el daño que este puede hacer en aquellos que han tenido experiencias dolorosas y traumáticas en sus vidas. Aquí se enfatiza que una persona que no procese bien el sufrimiento estará en riesgo de enfermarse y sufrir de otros males.

En el capítulo octavo planteamos la visión sobre el sufrimiento de la humanidad desde el punto de vista del creador. La teología del sufrimiento como se conoce formalmente presenta un panorama de lo que Dios dice sobre el sufrimiento y lo que algunos expertos, como teólogos, sociólogos y filósofos hablan respecto al mismo.

Luego en el capítulo noveno se expone de una manera progresiva pero sencilla acerca de que, si el ser humano sufre, también es cierto que Dios mismo llevó el sufrimiento humano en la cruz del calvario y que él puede traer alivio a los que sufren.

Finalmente, los dos últimos capítulos enfatizan de una manera sencilla lo que se supone que una persona que conoce a Dios y que tiene una relación personal con el Señor debe de actuar cuando enfrenta situaciones de dolor en su vida.

En el capítulo décimo se plantea cómo el creyente debe responder al sufrimiento y luego, en el último capítulo, se estimula a que el creyente viva alabando a Dios en el sufrimiento, ya que la historia misma registra que a veces lo mejor del hijo de Dios va salir precisamente en medio de situaciones intensas.

El sufrimiento y la respuesta de los justos ayudará a encontrar una respuesta a los males que ha pasado o puede estar experimentando en este momento y proveerá una palabra de aliento para que pueda seguir adelante con su vida y que pueda entender los propósitos no solo de su dolor, pero de su misma vida en esta tierra.

En esta obra usted recibirá una palabra que le ayudará a fortalecer su fe y el deseo de seguir adelante enfrentando las situaciones de la vida de manera positiva.

Capítulo 1

VÍCTIMAS DE LA PANDEMIA

*No hay hombre que tenga potestad sobre el espíritu para retener
el espíritu, ni potestad sobre el día de la muerte ...*
Eclesiastés 8. 8

LA HISTORIA DE VÍCTOR Y ELFEGA

Era un domingo como cualquier otro para los hijos, nietos y bisnietos de Víctor y Elfega —Un matrimonio de más de sesenta y cinco años. Todo parecía lucir espectacular esa mañana y parecía que iba a ser un excelente día. Para algunos el trabajo había comenzado temprano en actividades dominicales y todo iba marchando de maravilla.

Ese domingo era uno de esos en que la persona se siente satisfecha de haber estado en el templo adorando a Dios, haber oído un buen sermón y por si eso fuera poco, la presencia de Dios se había manifestado hermosamente en las personas que habían asistido al auditorio. No obstante, la noticia que nadie quiere oír había llegado.

El teléfono comenzó a timbrar en los diferentes celulares de los hijos del querido matrimonio. El hermano mayor fue el mensajero de esta terrible noticia al resto de los hermanos. "Papá y mamá han contraído el Covid-19, pues se hicieron la prueba y salieron positivos". ¡No lo puedo creer! Decía el resto de los hermanos al ir recibiendo la noticia uno por uno. Otros se preguntaban, ¿Cómo puede ser posible?, ¿Qué fue lo que pasó? ¿Cómo se contagiaron? Y un sinnúmero de preguntas sin respuesta. Así es, ellos habían estado sintiéndose mal hasta que se hicieron la prueba y salieron positivos de Covid-19.

Víctor era un hombre que había trabajado toda su vida, incluso aun hasta antes de contraer el virus. Aunque era mayor de edad no obstante todavía trabajaba y se mantenía bastante bien, atendiendo sus negocios personales y los de sus hijos. Había sido un buen esposo y alguien que mostraba diariamente a su esposa su amor. La consentía con palabras amorosas y pequeños obsequios de un hombre, pues vivía enamorado de su amada esposa por tantos años. Además de su relación saludable con su esposa, lo era también con sus hijos. A pesar de su humildad, siempre había sido amoroso, responsable y proveedor para con ellos. Desde muy temprano se dedicó a trabajar de sol a sol para mantener a una familia numerosa de seis varones, dos mujeres más ellos dos. Dicha familia creció hasta tener 32 nietos y 27 bisnietos.

Elfega por su parte, una mujer muy sumisa, trabajadora y amorosa con sus hijos, aunque muy reservada. Siempre mantuvo su casa impecable y su hogar armonioso. Tal era la condición amorosa de esta pareja que sus hijos y sus nietos acostumbraban a visitarlos todos los días para estar con ellos y disfrutar del buen pan con café que Víctor preparaba y de paso oír sus anécdotas, historias y cuentos, pero sobre todo de su buen humor. Por otro lado —mientras que Víctor disfrutaba con sus nietos, Elfega les preparaba sus exquisitos frijoles fritos con queso y tortillas calientitas, cosas que nunca podían faltar.

Por mucho tiempo —desde que comenzó la pandemia del Covid-19, algunos de los hijos de esta pareja se habían abstenido de ir a visitarlos para no ponerlos en riesgo. Por su parte ellos también habían evitado visitar familiares y amigos; además habían estado cuidándose, no obstante, el día no deseado llegó. Víctor tenía 90 años y Elfega 86; ambos con buena salud, con excepción de algunos malestares que son normales para personas de esa edad. Regularmente algunos de sus hijos les llamaban por teléfono, para ponerlos en alerta y les aconsejaban que se cuidaran, que no recibieran visitas, que no anduvieran en reuniones, o en alguna celebración que incluyera acumulación de muchas personas, para que no se contagiaran.

El Covid-19 es un virus que comenzó muy agresivo. Además, al principio no se sabía mucho de él, no obstante, rápido se aprendió que no había que congregarse en grandes masas de personas y que se debería tener mucha higiene. El departamento de Salud y control de enfermedades infeccionas de los Estados Unidos o CDC por sus siglas en Ingles, había dado las guías para que la gente se mantuviera libre o al menos protegida de un contagio. Una de sus publicaciones incluía prestar atención a sus guías, minimizar las chances de contagio, evadiendo reuniones, evitar el contacto personal y mantener una distancia social. Además, promovía acciones de prevención diarias, como el lavarse las manos periódicamente, no tocarse la cara, la nariz, los ojos y hacer uso de cubre bocas; asimismo el uso frecuente de gel antibacterial para frenar los contagios. Finalmente, exhortaba a cuidar la gente vulnerable, los cuales eran los ancianos —como Víctor y Elfega, gente enferma o con vulnerabilidades, entre otros.[1]

La sociedad moderna aprendió rápidamente a vivir con el gel antibacterial en todas sus actividades diarias, a seguir las indicaciones del CDC más las propias de cada estado o país, pero también se aprendió a no saludar de manos, abrazar o mucho menos besar a otra persona, todo para evitar el contagio. De acuerdo con los primeros

---

[1] Control para prevención de enfermedades infecciosas, "bajo CDC Guidelines for Covid-19" (Publicado junio 2020). https://www.cdc.gov/coronavirus/2019-ncov/php/infection-control.html. Consultado el 22 de abril, 2022.

reportes que se daban en los noticieros, este virus se quedaba por mucho tiempo en las superficies, así que si alguien tocaba una parte contaminada y luego comía algún alimento sin lavarse las manos corría el peligro de ingerir el virus. Esa precisamente es la teoría de la fuente del contagio de este matrimonio.

Lo cierto es que, de un momento a otro, todo el mundo de esta familia cambió para siempre. Uno de los hijos de esta familia relató lo siguiente; "Mi tiempo familiar fue interrumpido y mi platillo favorito —El Riebye con puré de papa y sopa de cebolla a la francesa, se tornó insípida y una sensación rara se asentó en mi estómago." Solo de Imaginarse el momento; cuando todo parecía estar marchando de maravilla, cuando algunos se sentían tan satisfechos, en un día que se había ido a la iglesia, muy espiritual y bendecido, para recibir la llamada telefónica que no se quiere recibir. El oír "Papá y mamá están positivos de Covid-19", es algo terrible que definitivamente cambiaria todo el mundo no solo de Víctor y Elfega, sino de muchas familias. De allí en adelante todo cambiaría, todo se vendería para abajo y serían tres meses de lucha constante, dolor intenso, y un proceso de bastante dolor y desgaste físico y emocional para la familia de esta tan amada pareja.

Paul David Trapp cuenta en su impactante testimonio, de cómo su vida cambió de un momento a otro al ser diagnosticado con una enfermedad terrible que casi le cuesta la vida. Dicha enfermedad sacudió su manera de pensar, y sacó a luz su fragilidad y orgullo humano, ya que a veces se piensa que se está muy bien hasta que se recibe la visita del sufrimiento. Él dice: "El sufrimiento físico expone el engaño de la autonomía personal y la autosuficiencia". Es decir, a veces se piensa que se está muy bien, que no se imagina lo que es sufrir. Luego agrega; "Si tú y yo tuviéramos el tipo de control que creemos tener, ninguno de nosotros pasaría a través de alguna situación difícil. Ninguno de nosotros elegiría estar enfermo. Ninguno de nosotros elegiría experimentar el dolor físico".

En realidad, ¿quién desea pasar por el sufrimiento? Absolutamente, nadie. Luego recuerda algo que todos los seres humanos comparten; "A ninguno de nosotros le gusta la perspectiva de estar físicamente débil y deshabilitado. A ninguno de nosotros le gusta que nuestras vidas se pongan en pausa". Eso es precisamente lo que sucedió con toda la familia; entró en una pausa dolorosa y terrible que duró tres meses sin parar. Además, agrega Trapp, "El sufrimiento físico te obliga a enfrentar la realidad de que tu vida está en manos de otro".[2]

Víctor y Elfega habían estado resistiendo para no vacunarse, debido a que habían recibido fuertes influencias de amigos y familiares, los cuales los habían estimulado para que no lo hicieran. Aunque se les decía que lo hicieran, ellos sencillamente decían; "lo vamos a hacer apenas haya oportunidad", pero no lo hacían. Así que, habían estado evadiendo la vacuna por mucho tiempo y no había manera de convencerlos de que lo hicieran.

Desafortunadamente durante la pandemia del Covid-19 ha existido una lucha mediática en contra de las vacunas y aún en contra de la idea de un coronavirus o una pandemia. De hecho, se escuchó a políticos de gran renombre decir que todo esto era una farsa, un engaño y hasta una planificación de los poderosos o de países con el fin de controlar y lucrar con ello. Es curioso decirlo, pero se llegó a escuchar a pastores religiosos referirse a la pandemia como, "la *plandemia*" del Covid-19. Esto para enfatizar que todo lo que se estaba experimentando era parte de una planificación mayor para controlar al mundo. Además, la comunidad científica fue ampliamente dividida por las ideas e influencia de estos políticos y gente influyente para sembrar la cizaña de que no creyeran nada de lo que se estaba diciendo, pues eran noticias falsas o *"Fake News"* en inglés.

Se puede recordar ver la lucha tremenda en los supermercados, aviones y lugares concurridos entre aquellas personas que rehusaban

---

[2]   Paul David Trapp, *Sufrimiento: enseñanza del evangelio cuando la vida no tiene sentido,* (Graham NC, publicaciones faro de gracia, 2019) 16.

usar mascarillas o cubre bocas, sencillamente porque no creían en la pandemia y aquellos que se atrevían a confrontarlos.

Hoy en Los Estados Unidos solo se ha logrado vacunar un (65.5%) de la población nacional[3] y eso que en varios estados se estimuló al público a vacunarse recibiendo regalos, tarjetas con dinero, entre otras cosas, pero ni aun así se logró animarlos. Muchas personas han tratado de influenciar de una manera negativa para que las personas no se vacunen; ya que, según ellos, no hay mucho estudio científico al respecto, y ponerse la vacuna puede ser riesgoso.

Durante la pandemia, muchas personas fueron víctimas de esa propaganda mediática entre ellos la pareja de esta historia; quienes, por no estar vacunados, no pudieron pelear contra ese virus maligno. La primera en contraerlo fue Elfega, pues como se dijo arriba, ella comió alguna comida por descuido y le causó descomposición intestinal por varios días, y después se le transmitiría a su esposo, o al menos, ella comenzó con los síntomas primero.

El problema principal era que como estaban con el dilema controversial de hacerse la prueba o no, —pues también este era otro asunto que no era igual en todos lados para muchas personas, es decir, no se podía hacer en cualquier lugar. El que se la hizo primero fue Víctor y salió positivo. Seguidamente se le hizo la prueba Elfega y con la misma, salió positiva enseguida. Así que, lo más temido para ellos y sus hijos había llegado, ¡Estaban positivos de Covid-19! De allí en adelante se tornaría en un proceso bastante doloroso.

En realidad, —piensa la mayoría de los hijos— si ellos se hubieran hecho la prueba desde el primer día de los síntomas todo hubiera sido diferente, o si se hubieran atendido rápidamente y se les hubiese dado la medicina apropiada, tal vez se hubieran salvado. Desafortunadamente, muchas personas se confundieron con los síntomas, y otros sencillamente tenían miedo de hacerse la prueba

---

[3] Mayo CLINIC, "bajo estadísticas", https://www.mayoclinic.org/es-es/coronavirus-covid-19/map. Consultado el 6 de abril, 2022.

pues temían ser hallados positivos de Covid-19. Al ser encontrados positivos del virus, cada uno se instaló en una habitación de la casa por separado y allí recibieron los primeros tratamientos para tratar de ayudarlos. Ya para ese entonces, llevaban diez días luchando con los síntomas, hasta el momento de la prueba de antígenos que revelara su positividad.

Desafortunadamente algunos países en vías de desarrollo o del tercer mundo no son como Los Estados Unidos, donde las pruebas del Covid-19 no solo son gratuitas, sino que están accesibles al público de una forma fácil y práctica. En las comunidades de los Estados Unidos las pruebas se podían hacer en un sinnúmero de lugares del condado o del estado y usualmente eran administradas en el propio automóvil sin necesidad de bajarse. Además, estas se encontraban en las farmacias y tiendas como Wal-Mart entre otras.

En los países tercermundistas se debe pagar por la prueba y no se hace en cualquier lugar. En el caso de este matrimonio, la prueba se les hizo en la misma casa, gracias a que la familia contaba con los recursos para llevarse a cabo y poder llevar a un médico hasta el mismo hogar donde se encontraban.

Los dos lucharon y lucharon fuertemente para tratar de sobrevivir. Como no había tratamientos al principio, o al menos accesibles en el país donde ellos se encontraban, se les consiguió desde los Estados Unidos —a un costo elevadísimo, un tratamiento para poder salvarlos. Aquello se tornaría en un maratón médico para tratar a los dos en el mismo lugar. Solo imagínese a los dos pacientes en una situación tan crítica, la cual requería cuidados intensivos. Pero lo peor de todo, es que no quisieron ir al hospital para ser atendidos, pues al igual que la vacuna, el ir a un hospital también se había tornado en un asunto delicado, pues se había corrido la voz de que quien iba al hospital terminaría intubado. Así que Víctor enfáticamente le dijo al hermano mayor, "Hijo, no me lleves al hospital, pues si Dios me va a llevar, que lo haga aquí en mi casa".

Salvarlos se tornó en una lucha maratónica todos los días, veinticuatro horas al día, siete días a la semana, por tres meses consecutivos. No se desestimó recurso alguno para ayudarlos y mucho menos esfuerzo humano. Ellos estaban siendo atendidos por dos personas —las cuales eran enfermeras, al cuidado de su bienestar. Además, dos de sus nietas —quienes crecieron muy cerca de sus abuelitos, hacían turno todos los días para ayudar en la limpieza, alimentación, administración de medicamentos y otros deberes con sus abuelitos. Además, las dos hijas de los enfermos, también se turnaban para ayudar en lo médico, doméstico y en el apoyo al resto del equipo.

Por otro lado, los hijos varones quienes estaban a tiempo completo, llevando el oxígeno en tanques pesadísimos para adminístraselo a ambos. Esto era muy difícil de conseguir en ese pueblo, ya que la mayor parte de veces no había y se tenía que correr a otra ciudad para llenar los tanques.

El asunto del oxígeno ha sido vital en el proceso de mantener con vida a las personas que contrajeron el virus. Al menos así fue al principio, hasta que se fue conociendo más sobre los tratamientos. Conseguir el oxígeno fue caótico en muchos países latinoamericanos, pues se podía ver en los noticieros grandes líneas de gente tratando de conseguir un poco de oxígeno para mantener con vida a sus seres queridos. Por otro lado, también requerían medicinas acordes a su necesidad. Así que los hijos tenían que andar buscando en las farmacias un sinnúmero de medicamentos y demás utensilios para los tratamientos que los médicos les recetaban. En otras palabras, todo el trabajo de un hospital se tuvo que hacer en casa.

Víctor y Elfega lucharon intensamente por mantenerse vivos poniendo todo lo que estaba a su alcance para salir de esa enfermedad. Se oró y ayunó intensamente por ellos, además se hicieron cadenas de ayuno y oración en la iglesia a nivel internacional a favor de ellos. Se hizo todo lo humanamente posible para ayudarlos, pero desafortunadamente perdieron la batalla. Al mes de estar contagiado Víctor, falleció. Casi dos meses después de que él perdió la batalla Elfega siguió por el mismo camino.

Perder a un ser querido es algo muy terrible que un ser humano puede experimentar, máxime cuando se trata de su papá o su mamá. Pero perder a los dos padres en tan sólo dos meses y de la forma en que esto sucedió es algo que no se le puede desear a nadie. No obstante, la narración de lo que Víctor y Elfega pasaron es la motivación para escribir este material y que pueda servir para ayudar a todos aquellos que en un momento determinado se encuentran sufriendo la pérdida, la enfermedad, o alguna otra clase de dolor o sufrimiento.

El proceso que los llevó a perder la vida fue terrible. Los ocho hijos, más los nietos vivieron momentos de dolor muy intenso. Ellos estaban en la misma casa cuando fueron diagnosticados con Covid-19. Inmediatamente se aislaron uno en una habitación y otro en otra para nunca más volverse a ver. Cómo se podrán imaginar, los hijos y nietos tuvieron que cuidarlos a ambos durante todo ese tiempo. Debido a su condición física y a su edad, ya que él tenía 90 años y ella 86, rápidamente se deterioraron y cayeron en cama. Así que había que estarles dando alimentos en la boca, bañándolos, moviéndolos, pues no se podían mover por sí solos. Además, había que administrarles las medicinas necesarias para tratar de salvarlos. Eso requería un trabajo extraordinario todos los días. Así que los hijos y nietos se turnaban para poder cuidar de ellos.

Víctor, quien vivió un mes enfermo estaba en una habitación contigua a la de Elfega. Al principio, los dos parecían luchar fuertemente contra ese mal y mejoraban y empeoraban y mejoraban y se ponían mal. A tal grado que Víctor poco a poco fue debilitándose y faltándole el oxígeno cada vez más y ya no había manera de poder hacer mucho. Debido a que estaba inmóvil en la cama y no se podía trasladar a un hospital, era atendido continuamente por los médicos.

Sin embargo, perdió la batalla y expiró por falta de oxígeno y un paro respiratorio.

Quizás, lo más doloroso de esta situación, fue el hecho de que los hijos y nietos no pudieron llorar a su padre y abuelo, ya que la madre y abuela estaba en la otra habitación contigua y muy delicada de salud. Todos los hijos convinieron en no dejarle saber a ella sobre la muerte de su esposo para que no la fueran a perder también. Así que los hijos y nietos tuvieron que llorar por dentro a su padre y abuelo; además de mostrar una cara de que todo está bien frente a Elfega. Ese fue un dolor muy, pero muy intenso el que la familia tuvo que vivir. No obstante, después de dos meses de haber muerto Víctor, Elfega tuvo que pasar por lo mismo y perdió la batalla contra las secuelas del Covid-19.

EL DOLOR DE LA PANDEMIA

La historia de Víctor y Elfega es una más de cientos de miles de historias a través de todo el mundo, de cómo, esta sociedad moderna tuvo que vivir algo terrible que no se había visto en los últimos tiempos. La pandemia del Covid-19 ha diezmado la sociedad tremendamente en varios lugares. No hay quien no haya perdido seres queridos, amigos y compañeros de trabajo. En organizaciones religiosas, como la Asamblea Apostólica —por mencionar a una, se han perdido muchos hermanos, ministros, pastores, obispos, misioneros y colaboradores del evangelio gracias a la pandemia. Durante este tiempo de pandemia se ha visto mucho dolor y quebranto a través de toda la nación americana y en el mundo. Familias enteras han vivido el dolor y han experimentado lo que la familia de Víctor y Elfega pasaron.

Muchos grandes hombres de Dios se fueron con la pandemia y dejaron un gran vacío. Un caso muy conmovedor y que acaparó titulares en las noticias fue el caso de la familia del obispo Jiménez, según publicó el CBS News de los Ángeles California. Esta familia perdió a cuatro seres queridos por causa de la pandemia. Este era un gran hombre de Dios, con una trayectoria ministerial de muchos años, había sido Obispo en la Asamblea Apostólica y servido en otras posiciones. Una familia de abolengo apostólico, pero en un momento todo cambio.

Según cuenta el medio noticioso un joven tuvo un almuerzo con alguien asintomático y luego regresó a la casa contagiado y le pasó el virus a toda la familia, de los cuales 17 se contagiaron. Lo triste del caso es que cayeron seis de ellos al hospital entre los cuales estaban el Obispo Jiménez, su esposa y sus dos hijas. Primero se fue el padre, luego dos hijas y finalmente la mamá perdió la batalla, pero ninguno de ellos se dio cuenta cuando los otros perdieron la vida.[4] Imagínese usted el dolor tan grande de esta familia. Toda la comunidad fue conmovida por este caso, y la misma iglesia fue conmovida, ya que de la forma en que sucedió fue muy dolorosa.

Pero esta no fue la única familia que perdió varios miembros de una sola familia por la pandemia. En Nueva Jersey murieron cinco miembros de una sola familia, la matriarca de setenta y tres años, su hermana y tres de sus once hijos.[5]

En Colombia murieron diez de la misma familia, primero tres y luego uno detrás del otro, y algunos eran asintomáticos, los cuales no sintieron nada hasta que vinieron los males.[6] En Maryland un concejal de la ciudad perdió a seis de sus integrantes gracias al Covid-19 y

---

[4]   CBSLA News. Publicado el 18 de Julio 2020. https://www.cbsnews.com/ losangeles/news/bishop-abel-jimenez-tabitha-esther-noemi-coronavirus/. Consultado el 28 de mayo, 2022.

[5]   Tracey Tully, The New York Times, publicado el 30 de junio, 2020.https:// www.nytimes.com/es/2020/06/30/espanol/coronavirus-familia-contagio. html. Consultado el 28 de abril, 2022.

[6]   Sitio el comercio.com, publicado el 25 de julio, 2021. https://www.elcomercio. com/actualidad/mundo/diez-personas-misma-familia-mueren-covid19-colombia.html. Consultado el 28 de abril, 2022.

otros dieciséis fueron infectados según cita de CNN en español.[7] En México en solo un año, otra familia perdió a dieciséis miembros de la misma familia por el Covid-19 al haberse contagiado en un funeral y luego contagiar a la familia.[8] Y la lista sigue y sigue.

¿Y qué se puede decir de muchos siervos de Dios que perdieron la batalla contra la pandemia? Por ejemplo; un caso muy conmovedor fue el de un pastor en el área de Dallas Texas. Este caso es conmovedor porque alguien enfermó de Covid y este pastor fue llamado para que fuera al hospital para orar por aquella persona que había caído enferma. Así que fue a visitarlo y a orar por esa persona y regresó contagiado. Ese pastor fue a parar al hospital de donde no salió con vida. El pastor Mario Mendoza en el estado de la Florida perdió la vida al ser contagiado con el Covid-19 y en tan solo un mes perdió la batalla. Había servido como ministro por más de veinte años, y de estos, 12 años como pastor de una floreciente Iglesia en Deland FL. Sin embargo, todo cambió de un momento a otro. Se contagio, fue ingresado en el hospital, para no salir con vida. Dejó una hija joven y su esposa con quien había estado casado por más de veinte años.

Otro caso muy conmovedor fue el del misionero y Obispo Julio Rusconi quien contrajo el Covid-19 y perdió la vida después de haber estado por varias semanas luchando por su vida. Él había servido en muchas posiciones en su organización; como Pastor, Obispo en el distrito sur del país de Argentina, donde sirvió como profesor del instituto Bíblico y luego como Misionero por 15 años en Perú, donde estaba como pastor en la ciudad de Huanchaco Trujillo. Al llevárselo el Señor, dejó a su esposa junto a sus cuatro hijos y seis nietos además de la iglesia en la que servía como pastor.

---

[7] Isabel Morales, publicado el 20 de octubre, 2020. https://cnnespanol.cnn.com/video/deni-tavares-concejal-maryland-familia-contagios-coronavirus-pkg-isabel-morales-dusa/. Consultado el 28 de abril, 2022.

[8] Laura Canabate, publicado el, https://www.elperiodico.com/es/sociedad/20210120/familiares-mueren-covid-funeral-11466941. Consultado el 28 de abril, 2022.

Otro Obispo en el área de los Grandes Lagos también falleció por causa del Covid-19 al haber estado luchando por varias semanas. Se habían hecho cadenas de ayuno y oración por él y se pegaba en los muros de las páginas sociales pidiendo oración, y sin embargo también se fue, dejando una familia, una iglesia y un Distrito. Otro obispo en el sur de Texas también perdió la vida por el virus y la lista de hombres de Dios es inmensa. No obstante, la pregunta es, ¿Por qué perdieron la vida si eran hombres de Dios? ¿Por qué ellos? Por otra parte, aprovechando el espacio, se honra su trabajo y contribución al reino de Dios y que Dios bendiga a quienes les sobreviven.

Muchos predicadores compartieron sermones al inicio de la pandemia, y le planteaban a la congregación la confianza que se tenía en el Señor; luego se les decía a los hermanos, "Dios nos va a guardar" "Esto no puede tocar a la Iglesia". De hecho, muchos pastores llegaron a utilizar el salmo 91 en más de una ocasión para referirse a la amenaza del coronavirus y decían "Ni plaga tocará tu morada". "Esta plaga no nos puede tocar a nosotros". No obstante, llegó y tocó a la iglesia.

Se puede recordar que las peticiones de oración por personas conocidas y queridas se pegaban en los muros de los medios sociales, y se comunicaban diariamente a través de los pulpitos. Peticiones como, "La familia fulana está pidiendo oración porque contrajo el Covid", o "Se pide la oración por fulano quien está siendo intubado", o también, "Oración urgente por fulano, quien está entre la vida y la muerte". Así se observaba cómo paulatinamente se iban mermando las esperanzas de que los hermanos, familiares y amigos se salvaran de esa peste maligna. Así que hubo mucha oración, cadenas de ayuno, peticiones y mucha solidaridad al respecto y sin embargo, Dios así lo decidió y se los llevó.

Durante la pandemia se ha experimentado demasiado dolor y quebranto y no se puede negar. Los que se han librado de ella se consideran dichosos y bendecidos, pues no todos salieron para contarlo. Mucha gente ha sufrido por la pandemia y sus secuelas, sin embargo, la lista de las personas que sufren por diversas cosas agotaría nuestro tiempo y espacio en este libro. No obstante, la pregunta sigue en pie, ¿Por qué? ¿Por qué sufre la gente? ¿Por qué sufren los justos? ¿Por qué sufren los que creen en Dios? Estas preguntas difíciles de contestar ocuparan el resto de los capítulos de este libro.

LA REALIDAD DEL SUFRIMIENTO

*Estas cosas os he hablado para que en mí tengáis paz. En el mundo
tendréis aflicción; pero confiad, yo he vencido al mundo.*
Juan 16: 33

El sufrimiento es una realidad humana que no se puede negar. Todas las personas están expuestas y son vulnerables a sufrir mientras se viva en este mundo. De hecho, en un momento determinado de la vida, todos los seres humanos están en riesgo de pasar por un momento de dolor físico y de crisis emocional. Esa experiencia, puede ser leve como puede ser muy intensa, tanto que a veces no se puede llevar.

Por si fuera poco, el sufrimiento humano puede llegar por muchas vías, de muchas maneras y a veces cuando menos se lo espera. En este capítulo hablaremos de la realidad y fragilidad humana que exponen potencialmente al dolor y sufrimiento, creando crisis y angustia. A su vez esto afecta la calidad de vida del individuo.

También, se expondrán las diferentes áreas del dolor humano y se traerá a colación las advertencias de Jesús al respecto, además, se presentará el cómo se debe prestar atención al sufrimiento para evitar que éste dañe emocionalmente la vida.

UN MUNDO PLAGADO POR EL DOLOR

Los seres humanos viven en un mundo plagado de dolor y sufrimiento. Lo que se mencionó en el primer capítulo es solo un poco de lo mucho que la sociedad ha vivido todo este tiempo. Sin embargo, hay muchas cosas que pueden producir dolor y sufrimiento. Sin ir más lejos, hace unas semanas atrás, Becky —nieta de Víctor y Elfega, pasó un momento de dolor muy intenso y crisis emocional creado por la muerte de su perrito chihuahua *"Cosita"*. Ella había crecido con este perrito desde su adolescencia y lo había tenido por dieciocho años de su vida. Vivía muy apegada a su querida mascota, no obstante, en un día que parecía muy normal, lo perdió de una manera trágica. El perrito ya estaba viejito, no oía, no veía, así que ella tenía que cuidarlo mucho para que estuviera bien. Sin embargo, un día el perrito cayó accidentalmente a la piscina y se ahogó. Aunque se hizo todo lo posible por salvarlo, los intentos del veterinario fueron nulos y falleció. Los sentimientos de ella se tornaron en un duelo muy profundo, ya que solamente dos meses atrás había perdido a sus abuelitos y ahora a su perrito quien la había acompañado en su crecimiento y adolescencia. Becky duró varios días llorando tristemente por la pérdida de su lindo y bien portado perrito a quien llamaba *Cosita* y una crisis emocional muy fuerte se apoderó de ella. Después de varios días, finalmente pudo ir procesando la pérdida de sus abuelitos y de su perrito, no obstante, no le había sido nada fácil.

Las crisis siempre van a venir a la vida, no obstante, solo se tiene dos opciones cuando vienen: dejarse oprimir por ellas o sacarles el mejor provecho. Dice el Dr. Jorge Maldonado, acerca de las crisis que estas pueden ser buenas o negativas. Él dice que la palabra "crisis" para los chinos significa "peligro" y otra, "oportunidad". Además, enfatiza que, tarde o temprano, todos los seres humanos enfrentarán situaciones trágicas, inesperadas y desestabilizadores. No obstante, Maldonado advierte que no se deben confundir las crisis, con los problemas, o las emergencias con las tragedias, pues una tragedia es un acontecimiento.[9] No obstante, en un momento de crisis como el que Becky vivió a veces es muy difícil saber dónde realmente se encuentra la persona.

Como se puede apreciar con lo antes mencionado, el sufrimiento es algo muy normal para los seres humanos y este puede venir por muchas vías, de muchas maneras, y cuando menos se lo espera. Algunas pueden ser, aunque no están limitadas a, el dolor de una muela, la ruptura de una relación amorosa, el divorcio, alguna enfermedad leve o terminal, la muerte de un ser querido, o hasta la pérdida de una querida mascota.

Los seres humanos van a experimentar crisis, dolor y pérdida. Desde que se abren los ojos y se llega a este mundo la persona que nace se encuentra con dolor. Solo piense que una madre parió a su hijo en medio de un dolor intenso. A los bebés se les hace llorar para que sus pulmones se abran. Luego la vida se torna en trabajo y dolor. Cuando la ancianidad comienza a llegar y el cuerpo ya no es el mismo, entonces comienzan los males, y el hombre ya no se puede enderezar por que le duelen sus huesos o la espalda, o le duele la cabeza, o le duele el estómago e incluso ya no puede comer todas las cosas que quiere, pues tiene que vigilar el azúcar, las grasas, la presión arterial, los triglicéridos, el peso entre otras cosas.

Es hasta entonces, que la persona se da cuenta que su frágil cuerpo está determinado a experimentar episodios de dolor, los cuales muchas veces se van sumando hasta tornarse en un sufrimiento continuo. Así como la mujer que sufre de estreñimiento o de migraña y es su pan de todos los días, así hay muchas personas que sufren en este mundo.

---

[9]   Jorge Maldonado, *Crisis, consolación y pérdida en la familia*, (Grand Rapids, MI: Libros Desafío, 2002) 8-9.

Al mencionar el sufrimiento del ser humano y la realidad de este, no se puede dejar de lado lo que el mundo está viviendo hoy en día, aparte de la pandemia. La sociedad moderna está viendo en televisión en vivo cómo el país de Ucrania está experimentando una de las masacres más terribles de los últimos tiempos al ser invadida por Rusia. El 24 de febrero de este año 2022 —Según la BBC, el presidente Putin dio luz verde a la invasión de Ucrania después de tres meses de tensiones en las que exigió a las fuerzas ucranianas que depusieran las armas y de haber concentrado las fuerzas rusas a lo largo de su frontera con Ucrania. El mismo medio agregó, que este está siendo el episodio más oscuro en Europa después de la segunda guerra mundial.[10]

Lo que está sucediendo en este país europeo es demasiado escalofriante y terrible que no se encuentran palabras para describirlo. CNN en español relata paso a paso como se ha ido dando este conflicto entre rusos y ucranianos desde que Ucrania se independizó de la ex Unión Soviética en 1991 y ha ido escalando después que Rusia anexó una región llamada Crimea al sur del país. Luego el 21 de febrero del presente año 2022 el presidente de Rusia, Vladimir Putin, firmó decretos que reconocen a la República Popular de Donetsk y la República Popular de Luhansk, en la región ucraniana de Donbás, y por si fuera poco, acusó a los Estados Unidos y a la OTAN de convertir a Ucrania en un puesto militar para amenazar a Rusia.[11]

Los medios han televisado los bombardeos en vivo, se ha visto la destrucción de edificios gubernamentales, escuelas, hospitales, refugios, centros comerciales, mercados, líneas de autobuses, trenes y medios de transporte. Sin embargo, lo peor ha sido ver la crueldad

---

[10] BBC News Mundo. "Bajo, la invasión a Ucrania". Publicado el 24 de febrero, 2022. https://www.bbc.com/mundo/noticias-internacional-60514738. Consultado el 28 de abril, 2022.

[11] CNN en español. "Bajo la invasión a Ucrania". Publicado el 23 de abril, 2022. https://cnnespanol.cnn.com/2022/04/23/guerra-ucrania-cronologia-orix/. Consultado el 28 de abril 2022.

con la que el ejército ruso ha matado a sangre fría a ciudadanos comunes que nada tienen que ver con el conflicto. Se ha visto ciudades enteras destruidas, muertos en la calle regados por doquier, algunos con señales de tortura y violación según reportan los medios de información.

Por su parte las naciones unidas informan de estos abusos —según Yurany Arciniegas, periodista del canal France24, de la siguiente forma:

> "Agresión sexual y torturas sistemáticas forman parte de los horrores que han sufrido los prisioneros capturados por las dos partes del conflicto en la región del Donbás, en el este de Ucrania, desde que estalló la guerra con los separatistas pro-rusos hace siete años".

Y agrega lo siguiente,

> "Se utilizaron tortura y malos tratos; incluida la violencia sexual, relacionada con el conflicto para obtener confesiones o información, o para obligar a los detenidos a cooperar, así como, para fines punitivos, o con propósitos de humillar e intimidar, extorsionar dinero y propiedades", según sostiene el informe de la Oficina de la Alta Comisionada de Naciones Unidas para los Derechos Humanos (ACNUDH).[12]

Imagínense el dolor tan grande que se está viviendo en Ucrania, al

---

[12] Yurany Arciniegas, "bajo torturas de la Guerra en Ucrania". https://www.france24.com /es/europa/20210703-onu-tortura-abusos-conflicto-ucrania. Consultado el 28 de abril, 2022.

ver a niños buscando a sus padres, personas deambulando en la calle desorientados por el exceso dolor y la pérdida de sus seres queridos.

El canal de noticias CNN en inglés reportó que se han descubierto 1,150 cuerpos en la región de Kyiv de civiles no militares y el 50-70 % de estos fueron muertos con rifles automáticos,[13] lo que quiere decir que deliberadamente fueron asesinados. CNN mostró en vivo en su noticiero de la tarde una entrevista hecha a una persona que arriesgó su vida para tomar fotos en Bucha Ucrania. Este mostró cómo los rusos iban matando a civiles y dejándolos tirados por la calle; algunos de ellos llevaban bolsas de comida, otros iban por la calle en sus bicicletas y fueron masacrados por los soldados rusos.[14]

La guerra en Ucrania es un claro ejemplo de que los seres humanos van a padecer constantemente de muchas situaciones generadoras de dolor y sufrimiento. Las guerras son solo una forma de padecimiento que afecta todas las áreas de la vida humana, no obstante, hay que sumarle las enfermedades, los accidentes, las peleas entre personas, los abusos, robos y violencia que se vive en este tiempo moderno.

Trapp describe lo que se ha mencionado arriba de la siguiente manera:

> "En este mundo viven las enfermedades y dolencias, y nuestros cuerpos se descomponen o no funcionan correctamente". Luego agrega; "En este mundo el dolor, a veces crónico y a veces agudo, nos asalta y hace que la vida sea casi imposible de vivir".

Además, enfatiza, que vivimos en un mundo roto donde la gente muere, la comida disminuye, donde hay guerras, los gobiernos son corruptos, las personas roban e infligen violencia. Por si fuera poco,

---

[13] CNN. Ucrania. Publicado el 28 de abril, 2022. https://www.cnn.com/europe/live-news/russia-ukraine-war-news-04-28-22/index.html. Consultado el 28 de abril, 2022.

[14] Anderson Cooper, CNN. Televisado en vivo el 28 de abril, 2022.

agrega, que los esposos actúan con odio hacia su pareja; los niños son abusados en lugar de ser protegidos, las personas mueren lentamente o mueren repentinamente de enfermedad, viven en confusión sexual y de género, usan drogas que enferman y destruyen, en otros casos asevera; el chisme destruye reputaciones, la amargura crece como cáncer, entre otras cosas más.[15]

Como se puede apreciar en la lista de Trapp se encuentran muchas de las cosas que causan dolor y sufrimiento en esta vida. Luego sigue diciendo que el sufrimiento nunca es abstracto, teórico o impersonal. Él dice enfáticamente, que el sufrimiento es real, tangible, personal y específico. Además, afirma, que la Biblia nunca presenta el sufrimiento como una idea o concepto, sino que lo pone ante nosotros en el drama de sangre y entrañas de experiencias humanas reales. Cuando se trata del sufrimiento, la Escritura nunca es evasiva o cosmética en su enfoque.[16]

Cuando se habla de dolor y sufrimiento se debe considerar que la biblia no calla al respecto y mucho menos lo esconde. Uno de los hombres que sufrió demasiado en su vida y a quien se dedica un capítulo solo a él, dice lo siguiente: "El hombre nacido de mujer, Corto de días, y hastiado de sinsabores, Sale como una flor y es cortado, Y huye como la sombra y no permanece" (Job 14. 1-2). Aunque se hablará más delante de Job, baste por ahora mencionar que él claramente describe que el hombre vive hastiado de sinsabores y con una vida no solo corta, sino muy frágil y momentánea. Esta realidad se refleja desde las primeras páginas de la biblia hasta el último libro Apocalipsis.

Así se puede mencionar que, desde el principio, la primera mujer tuvo que dar a luz a sus hijos con mucho dolor, luego vendría la muerte de su hijo Abel nada más que por la mano de su propio

---

[15] Paul David Trapp, *Sufrimiento: enseñanza del evangelio cuando la vida no tiene sentido,* (Graham NC, publicaciones faro de gracia, 2019) 26-27.

[16] Paul David Trapp, 20.

hermano Caín y de allí en adelante sería una constante. Solamente piense en el gran diluvio universal en el cual murió toda la humanidad por una terrible inundación en la cual fueron ahogados todos. O piense en la destrucción de Sodoma y Gomorra con fuego y azufre enviado desde el cielo por Dios para castigar a estas ciudades por causa de su pecado. Piense en un individuo en específico quien sufrió demasiado en manos de sus propios hermanos y este fue José el hijo de Jacob, quien terminó como esclavo en Egipto.

Sin embargo, la biblia describe con lujo de detalles como el sufrimiento se da en todos los niveles y no perdona ni aun a los más allegados a Dios, sino por todo lo contrario. Tal pareciera que los que conocen a Dios son los que pasan más momentos de sufrimiento y enfrentan otro tipo de amenazas y situación que no solo hacen llorar pero que generan un dolor inmenso para quien lo experimenta.

Con lo antes mencionado, el dolor y el sufrimiento es una realidad que no se puede negar y la Escritura no lo oculta, sino que lo plasma en sus páginas. No obstante, dice Trapp que la biblia nunca menosprecia al que sufre, nunca se burla de su dolor, nunca da oídos sordos a sus clamores, y nunca lo condena por su lucha. Por el contrario, se le presenta al que sufre como un Dios que lo entiende. Un Dios a quien le importa el dolor humano, quien nos invita a acudir a Él en busca de ayuda, y quien promete un día acabar con todo sufrimiento de cualquier tipo una vez y para siempre.[17]

Entonces, se reitera que el dolor es una realidad que no se puede negar y mucho menos evitar mientras se viva en este mundo, y éste va a venir de muchas maneras, colores y sabores. Sin embargo, aunque no se puede evitar, sí se puede superar y se puede procesar de una manera positiva.

Esa es la razón principal por la cual se ha escrito este libro. Para

---

[17] Paul David Trapp, *Sufrimiento: enseñanza del evangelio cuando la vida no tiene sentido*, (Graham NC, publicaciones Faro de Gracia, 2019) 20.

que todas aquellas personas que sufren en un momento determinado de sus vidas puedan superar ese sufrimiento.

CLASES DE SUFRIMIENTO

El dolor y el sufrimiento, aunque son dos cosas diferentes van de la mano uno con otro, pues cuando alguien sufre es inevitable que le duela su cuerpo o si el daño es emocional, es inevitable que le duela su alma. En fin, se pudiera decir que el sufrimiento se manifiesta en varios aspectos como el físico, emocional y hasta el espiritual.

De hecho, reforzando esto, en su extraordinaria "Enciclopedia de problemas sicológicos" Narramore, sostiene que los problemas del ser humano son físicos, emocionales y espirituales. Agrega que todo el mundo reconoce la relación entre las funciones corporales y los problemas humanos, de allí que la ama de casa por ejemplo crea que los frecuentes dolores de cabeza que padece sean por no dormir o exceso de trabajo y no tome en cuenta que sus dolores en realidad son por conflictos emocionales no resueltos.[18]

No obstante, una persona que se le detecta un cáncer, por ejemplo, experimentará los dolores mencionados, sencillamente por lo complejo de la enfermedad. Por eso mismo, el instituto del cáncer en los Estados Unidos define el sufrimiento de la siguiente manera; "Dolor o sufrimiento emocional, social, espiritual o físico que lleva a una persona a sentirse triste, miedosa, deprimida, ansiosa o solitaria". Luego agrega, "las personas con sufrimiento también pueden sentirse incapaces de enfrentar la vida diaria por causa de una enfermedad como el cáncer. Estos pacientes podrían enfrentar problemas ante

---

[18] Clyde M. Narramore, *Enciclopedia de problemas sicológicos*, (Grand Rapids, MI: Editorial Unilit, 1970).10.

su diagnóstico, síntomas físicos o su tratamiento. También se llama distrés, estrés patológico y malestar".[19]

Por otro lado, se puede considerar el dolor de perder un ser querido como algo terrible que alguien puede experimentar, tal y como se mencionó en el primer capítulo. En este caso, los daños colaterales son inmensos, y aunque se dedicará un capítulo solo a este tema, baste por ahora decir que afecta la vida de una manera terrible. De esto mismo, el instituto médico —mencionado anteriormente, dice lo siguiente:

> "El dolor por la pérdida de un ser querido, es un período de sufrimiento y duelo muy intenso". Además, menciona, "el llorar a alguien es una parte del proceso normal de reacción ante una pérdida". Finalmente enfatiza lo siguiente, "Usted puede experimentar el sufrimiento como una reacción mental, física, social o emocional. Las reacciones mentales pueden incluir el enojo, la culpabilidad, ansiedad, tristeza y desesperación. Las reacciones físicas pueden incluir problemas para dormir, cambios en el apetito, problemas físicos o enfermedades".[20]

Como se puede observar, el sufrimiento es algo terrible en el ser humano y lo peor es que todo mundo está expuesto. Entonces, se puede afirmar que esto es una gran verdad, pues, ¿quién no ha pasado por un problema personal, o una preocupación aguda y termina con un fuerte dolor de cabeza? Por otro lado, ¿quién no ha experimentado

---

[19] Instituto nacional del cáncer, "bajo el sufrimiento", https://www.cancer.gov/espanol/publicaciones/diccionarios/diccionario-cancer/def/sufrimiento. Consultado el 26 de abril, 2022.

[20] Biblioteca nacional de medicina de Estados Unidos, "bajo el sufrimiento por la perdida", https://medlineplus.gov/spanish/bereavement.html. Consultado el 26 de abril, 2022.

un fuerte disgusto causado por alguna persona y no termine con un fuerte malestar del estómago? O ¿quién no ha terminado su relación con la persona que tanto ama y está con el corazón hecho pedazos? O ¿qué madre no está batallando con su hija, la cual está usando drogas, o está saliendo con un pandillero y está en peligro de que le suceda algo y no sufra?

El dolor físico debe entenderse como aquel dolor o sufrimiento que llevan los seres humanos y que se manifiesta en el cuerpo. Uno de los más comunes es que a alguien le duela la cabeza, ya sea porque sufre de migraña o por algún otro mal, como se mencionó arriba. Otro puede ser que alguien esté luchando con un cáncer en su cuerpo, una ulcera o cualquier otra enfermedad en su cuerpo o sencillamente tuvo un accidente y sufrió la perdida de uno de sus miembros de su cuerpo. En fin, el dolor físico abarca todo el cuerpo desde la cabeza hasta los pies y todo mundo está expuesto a sufrir cuando le duele alguna parte de su cuerpo.

Una de las situaciones más atormentadoras que experimentaron los hijos y nietos de Víctor y Elfega fue el hecho de ver como su padre y su madre se dolían tanto; por lo que estaban viviendo y sus hijos, se sentían impotentes. El dolor en sus cuerpos era terrible, y por más que se oraba por ellos y le pedían al Señor por su alivio, parecía no pasar nada. Ese es uno de esos momentos donde alguien quisiera tener el poder de Elías, o el de Pedro, y levantar la voz y orar por ellos para que se levanten, pero lo cierto es que nada pasaba.

Víctor estaba batallando mucho con un dolor de cabeza, problemas para respirar, problemas para mover las manos y dificultades para poder siquiera comer o llevarse un vaso de agua a la boca. De igual manera Elfega batallaba con un dolor terrible en su cuerpo, no podía valerse por sí misma, además tres días antes de morir se le presentó una falla en sus intestinos, lo cual le había producido un dolor en su estómago por varios días y no se sabía por qué. Por si fuera poco, no podía respirar y dependía totalmente del oxígeno para mantenerse viva.

El dolor físico puede llegar a calar tanto en una persona que esta pierda el deseo de seguir luchando por su vida y lo que desee mejor es partir con el Señor. En un momento muy crítico Elfega le dijo a una de sus nueras el día que murió: "Ya no aguanto más" y también, "Hoy ha sido el día más difícil que he tenido en mi vida". Sin embargo, ninguno de sus hijos la oyó decir algo así, pues nunca se quejó, nunca blasfemó o mucho menos le culpó a Dios por lo que estaban pasando. Y aunque esto se expondrá más adelante en otro capítulo, vale la pena mencionar que las reacciones al dolor físico pueden ser variadas, pero todo depende quien sea la persona y la relación que esta tenga con el Señor.

El dolor físico es algo que mueve y que muchas veces hace llegar a pensar en un camino más fácil para dejar de sufrir. Es por eso, que más adelante se analizará el caso de Job, entre otros ejemplos que nos hablan abiertamente del dolor humano.

Por su parte, el dolor emocional es aquel que se lleva por dentro, en el corazón y que generalmente viene de la preocupación, el temor o la inseguridad, entre otras cosas. Por ejemplo, el temor se lleva en lo profundo y puede provocar una inestabilidad en la persona a tal grado que le puede afectar la calidad de vida. Otro puede ser que a alguien lo haya traicionado su conyugue y haya cometido adulterio y entonces ese acontecimiento marca la vida de aquella persona de una manera dramática. Si ese asunto no se procesa correctamente y hay un perdón y arreglo en esa relación puede ser que suba de intensidad y termine en divorcio. Entonces el dolor va a ser muy agudo, sin embargo, ese dolor se va a vivir en lo emocional.

La persona traicionada va a vivir con su corazón hecho pedazos y va a sufrir mucho. Si tienen hijos, ellos también van a recibir los efectos colaterales de esa tragedia. Entonces, las personas involucradas en este asunto que seguramente comenzó como una aventura, se transformará en un infierno. En realidad, el dolor emocional requiere un capítulo por separado solo para tratar sobre ese tema. Un dolor emocional puede desencadenar problemas de muchas índoles, entre ellos, las enfermedades mentales.

Desafortunadamente por causa de espacio, este trabajo no incluye esa área de acercamiento, pero baste decir que este problema está muy fuerte hoy en día y está creciendo cada vez más. No obstante, no es nada nuevo, de hecho, algunos —como Donald Capps, afirman que este mal estaba muy activo en el tiempo de Jesús.

En su muy interesante libro *Jesus the Village Psychiatrist*, dice:

> "después de haber pasado bastante tiempo estudiando las historias de sanidades que Jesús hizo, creo firmemente que la mayoría de las personas que fueron sanadas sufrían de desórdenes mentales o emocionales" y de manera extraordinaria agrega, "los escritores probablemente también lo sabían".[21]

Finalmente, el sufrimiento produce un enorme daño espiritual en la vida del hijo de Dios y ese puede afectar no solo la vida temporal, sino incluso la vida eterna. Una de las cosas comunes que afecta a las personas es el resentimiento, el enojo, la frustración, la ira y la amargura, entre otras cosas, las cuales se estarán abordando en un capítulo más adelante.

En realidad, esta clase de daño es el que se quiere evitar por arriba de todos los demás daños colaterales del sufrimiento. Porque sencillamente —véalo de esta manera— una persona puede aprender a vivir con el dolor o el sufrimiento y ser feliz con su vida y su familia. Tal vez pudo haber perdido una parte de su cuerpo, como un pie o una

---

[21] Donald Capps, *Jesus the Village Psychiatrist*, (Louisville, London, Westminster John Knox Press, 2008) xii.

mano entre otros miembros, pero da gracias a Dios que no perdió la vida y aprende a contentarse con esa situación y va a vivir bien.

No obstante, puede haber alguien que su sufrimiento ya sea a causa de una tragedia, una enfermedad o alguna clase de violencia o enfermedad, viva lleno de amargura, rencor o enojo contra otras personas, quizás aun contra Dios o contra sí misma. Esa persona va a vivir una vida miserable.

Lo peor que puede pasar en este punto es que esa persona abandone el camino del Señor, niegue su fe o blasfeme contra Dios por su sufrimiento. Esto dará a luz un daño espiritual terrible el cual puede terminar en otras dimensiones espirituales que no queremos mencionar.

Por todo lo dicho, es muy importante entender que el sufrimiento es parte de la vida en este mundo y que la persona debe procesarlo adecuadamente para no lastimarse y mucho menos lastimar a otras personas.

Mas adelante se pondrán todas estas cosas en capítulos para hablar y estudiar lo suficiente sobre dichos temas, pero baste por ahora mencionar que por mucho que se quiera no se podrá evadir que en un momento determinado de la vida se tenga que experimentar momentos de dolor, tristeza y sufrimiento.

Piensen por un momento: los que son cristianos y que conocen la palabra de Dios y la forma cómo Dios trabaja con las personas y cómo lleva a cabo muchas veces sus propósitos. A veces Dios hace pasar a sus hijos por situaciones terribles de dolor, pero a la postre entenderán que Dios todo lo tenía controlado. Entonces, se reitera que el sufrimiento es una realidad que se debe aceptar y que todo mundo está expuesto a que, en un momento, a veces cuando no se lo espera, le va a visitar. No obstante, en medio de esta realidad, el creyente debe de saber que todo estará bajo el control de Dios y que Dios nunca lo ha de abandonar.

Capítulo 3

EL SUFRIMIENTO DE JOB

*Y dijo: Desnudo salí del vientre de mi madre, y desnudo volveré
allá. Jehová dio, y Jehová quitó; sea el nombre de Jehová bendito. En
todo esto no pecó Job, ni atribuyó a Dios despropósito alguno.*

Job. I: 21-22

Como se dijo en el primer capítulo; todas las personas están expuestas
a pasar por momentos de sufrimiento y dolor en la vida. Las crisis
se manifiestan de todas formas y en diferentes momentos en la
existencia; no obstante, las que vivió Job no se comparan a las que
uno pueda vivir de esa forma. No obstante, el asunto más importante
no es la magnitud de lo que le pasa a uno, sino más bien cómo
se reacciona ante ello. Es por eso por lo que uno de los ejemplos
más claros para explicar esto es el caso de Job. En este capítulo se
abordará el tema del sufrimiento, su propósito, y sus límites desde una
perspectiva cristiana, porque para poder entender lo que este hombre
vivió indefectiblemente hay que creer en Dios.

La historia de Job es una de las más impresionantes que se
encuentran en las sagradas escrituras. Ya que lo que vivió el muy
pocas personas tienen la capacidad para experimentarlo. Por la forma

en que se desarrolla el drama del libro de Job se da a entender que todo está perfectamente medido por el creador para que suceda lo que le pasó este siervo de Dios. Por lo tanto, la tesis de este capítulo es que, "todo lo que le pasa al hombre está debidamente medido y permitido por Dios".

Aunque hay muchos aspectos que se deben considerar en esta historia y que son muy útiles para una enseñanza sobre lo que es pasar una verdadera calamidad, este segmento se reducirá a mencionar solo las cosas que sean pertinentes a esta obra. Es decir, no se abordará un estudio profundo sobre el libro, su contexto, su veracidad, historicidad, entre otros temas que los bibliólogos, arqueólogos y demás hacen al respecto. Por lo tanto, en este capítulo se hablará un poco de quien era Job, el origen de su sufrimiento, las pérdidas que tuvo y lo que se puede aprender de esta historia.

¿QUIÉN ERA JOB?

Lo que se sabe de Job, es que era una persona muy bendecida en todos los aspectos. No solo financieramente, sino que también gozaba de tener una linda familia, un liderazgo espiritual entre otras cosas. La Biblia relata con lujo de detalle quien era este hombre y cuáles eran sus credenciales.

Era oriental, es decir del oriente cercano; para ser exacto de la tierra de Uz. Aunque no se sabe con exactitud donde estaba esta tierra. La razón es que hay discrepancias respecto a su ubicación. Según Alonso Schökel la tierra de Uz no era Israel sino otro lugar, por lo tanto, Job es un extranjero, y luego pregunta, ¿Por qué fue escogido un no judío por autor del libro? Luego agrega, —lo que otros dicen— para respetar la tradición.[22] Mattew Henry por su parte en su comentario dice que este

---

[22] Shökel, L. Alonso and J.L. Sicre Diaz. *Job, comentario teológico y literario*, (Madrid, España, Ediciones Cristiandad, S.A. 2002) 121.

lugar se encuentra en la parte oriental de Arabia, cerca del Éufrates y agrega que este caso enseña que Dios tiene un remanente en todas partes.[23]

No obstante, algunos otros, como Sergio Bacari —citando al Talmud, sugieren que se refiere enfáticamente al desierto actual del sur de Israel, aunque esta tierra anteriormente no pertenecía a Israel, pero ahora sí y presenta un video de dicha tierra ubicada al sur del mar muerto.[24]

Sea cual fuere la ubicación en la tierra es irrelevante, ya que el enfoque del asunto nada tiene que ver con la tierra, sino con lo que vivió esta persona.

Job fue un personaje que para algunos expertos es ficticio, es decir, es un personaje que fue acomodado para un arreglo literario, mientras que para otros —según Mattew Henry,[25] fue de carne y hueso y con las mismas situaciones que nosotros.

Por otro lado, la Biblia lo pone como prototipo de santidad —según Schökel, pues lo pone a la altura de Ezequiel, al igual que Noé y Daniel. Luego agrega el autor: quizás había un cierto personaje heroico y paciente en tiempos patriarcales antes que existiera Israel como nación,[26] como suele suceder en otros lugares. Por otro lado, una de las cosas más sobresalientes de la historia, es que Job era una persona ejemplar en todos los aspectos. La Biblia habla del carácter de este hombre, y afirma que era, perfecto, recto, temeroso de Dios y apartado de mal (Job I.I). Sin duda, las cualidades que tenía este varón eran impresionantes y son el calificativo de una persona justa. El personaje de Job representa a las personas que son buenas, que quieren estar bien con Dios todo el tiempo y que tratan por todos

[23] Francisco La Cueva, *Comentario bíblico de Mattew Henry*, (Terrassa Barcelona: Editorial CLIE, 1999), 505.

[24] Sergio Bacari. La tierra de Oz y el libro de Job. "Bajo el libro de Job". https://www.youtube.com/watch?v=KnjIYFMDIeo. Consultado el 14 de Abril 2022.

[25] Mattew Henry, 505.

[26] Shökel, L. Alonso and J.L. Sicre Diaz. *Job, comentario teológico y literario*, (Madrid, España, Ediciones Cristiandad, S.A. 2002) 122.

los medios posibles de hacer el bien. Algunos comentaristas antiguos —cita Schökel, ven en Job un tipo de Cristo, porque encuentran semejanzas y desemejanzas de los sufrimientos como los que pasó el Mesías descritos en Isaías capítulo 53.[27]

Job es precisamente el tipo de persona del cual la gente se puede preguntar por lo que le pasó; ¿Cómo le puede suceder algo malo a alguien tan bueno? O ¿Por qué le pasan cosas malas a la gente buena? O ¿Por qué lo permitió Dios? O tal vez una peor, ¿de qué le sirvió guardarse, si como quiera sufrió?

Cuantas veces se han oído estas preguntas y comentarios como estos. Alguien trata de ser bueno, de servir a Dios y de alejarse de la maldad y de repente le suceden calamidades como las que le vino a Job. Aunque esto es algo que se tratará después, lo cierto es que este hombre es visto por Dios como alguien de quien el Creador se siente complacido por su forma de ser y de servirle. Solamente observe lo que Dios le dice a Satanás respecto a Job: "Y Jehová dijo a Satanás: ¿No has considerado a mi siervo Job, que no hay otro como él en la tierra, varón perfecto y recto, temeroso de Dios y apartado del mal?" (Job 1. 8). Entonces, es necesario determinar que, de acuerdo con el autor, —quien, por cierto— para algunos es desconocido, pero para otros, el escrito lo atribuyen a varios autores,[28] y en otros casos, el libro de Job lo atribuyen a Moisés,[29] es Dios quien da las descripciones del carácter y las cualidades de lo que este hombre era.

Entonces, para conocer un poco más de este personaje enigmático es necesario considerar más de cerca lo que las Escrituras dicen de él. Primeramente, la Biblia describe que el patriarca tenía siete hijos y tres hijas, para un total de diez hijos (Job 1.2). Lo que quiere decir es que era una familia muy completa y establecida.

---

[27] Ibid. 19.

[28] Ibid. 77.

[29] Sergio Bacari. *La tierra de Oz y el libro de Job*. *"Bajo el libro de Job"*. https://www. youtube .com/watch?v=KnjIYFMDIeo. Consultado el 14 de Abril, 2022.

El comentarista sugiere que la razón del por qué esta familia fuera numerosa no solo era un indicativo de la posición económica que tenían, sino también de la bendición de Dios que reposaba sobre ellos.[30] De hecho, basta solo ver algunos versos de la Biblia para encontrar que los hijos siempre son una bendición. Por ejemplo, el salmista decía así:

> "He aquí, herencia de Jehová son los hijos; Cosa de estima el fruto del vientre. Como saetas en mano del valiente, Así son los hijos habidos en la juventud. Bienaventurado el hombre que llenó su aljaba de ellos; No será avergonzado Cuando hablare con los enemigos en la puerta". (Salmos 127. 3-5).

Con esto en mente se puede decir que Job era bendecido con sus hijos, porque tenía muchos.

Luego se enumera las riquezas que tenía. Comenzando con siete mil ovejas, tres mil camellos, quinientas yuntas de bueyes, quinientas asnas, y muchísimos criados o siervos. Por si fuera poco, —agrega el texto— aquel varón era más grande que todos los orientales (Job 1. 3).

Esta palabra debe entenderse como una referencia su posición, lugar, e influencia en su sociedad. Entonces, es muy notorio que el escritor de Job enfatiza claramente quién era este hombre y las posesiones que tenía. Era un hombre muy bendecido tanto material, como espiritualmente. Era justo, integro y de un corazón que buscaba hacer lo bueno y agradable a los ojos de Dios. De hecho, Dios mismo le dijo al diablo refiriéndose a Job, "no hay otro como él en la tierra" (Job 1.8). Muchos expertos convienen que este personaje es un tipo de Cristo ya que posee cualidades similares a las del Señor, lo que muestra que Dios siempre va a mostrar el camino bueno que la gente debe seguir.

Ahora bien, existen muchos escritos sobre Job en diferentes

---

[30] Mattew Henry, 505.

idiomas, y con diferentes enfoques, además de estudios teológicos profundos; pero como ya lo mencionamos, este escrito no se meterá a esas aguas, pues no es el enfoque de este libro. Por lo tanto, solo cubrirá un sencillo análisis bíblico y teológico del mismo.

Josué Yrión en su libro sobre el *sufrimiento y restauración de Job* dice lo siguiente:

> "podemos decir que Job se ha convertido en el modelo bíblico, por soportar el desastre, el dolor y el sufrimiento." Y agrega: "Nadie puede entender algo sobre el sufrimiento, sin estudiar y conocer el libro de Job.[31] Esto es una gran verdad. Además, añade el autor: "todos sabemos que el tema principal de Job es el sufrimiento del inocente, pues a menudo el justo o el creyente sufre tragedias y dolores, mientras que muchos impíos deshonestos y malos tienen vidas buenas y placenteras."[32]

En realidad, el libro de Job, es un libro dedicado al sufrimiento del hombre. Se puede decir que está registrado en la Biblia como un modelo para ser usado por las demás personas como un ejemplo a seguir cuando enfrenten penurias en la vida siendo personas justas.

Aunque mucho se ha discutido sobre el origen del sufrimiento que vivió este hombre y las discusiones de sus amigos, quienes afirmaron que estaba sufriendo porque había hecho algo malo, lo cierto es que —como bien señala Yrion:

"Sus problemas no se debieron a que hiciera algo indebido en la vida, pues se destacaba por ser un hombre justo e íntegro, sino que

---

[31] Josue Yrion, *El sufrimiento y la restauración de Job*, (La Mirada, CA: World Evangelism and missions Inc. 2019), 20.

[32] Ibid. 21.

Dios fue el que permitió que afrontara esas pruebas tan difíciles"[33] que tal vez otras personas no las hubieran pedido llevar.

En realidad, este es el enfoque de este punto. Si alguien sufre de esta manera, es porque tiene la capacidad para llevarlo. Dios nunca dará una carga que uno no pueda llevar.

Es importante, agregar que algunos eruditos y escolares afirman que quizás Job padeciera de un temor profundo en su corazón o de qué algo les pudiera suceder a sus hijos, posesiones, propiedades y a él, pues siempre presentaba sus sacrificios a Dios, "por si sus hijos hubieran pecado".

Los estudiosos sugieren que tal vez la preocupación y el miedo de qué algo les pasara estaba arraigado en lo más profundo de su corazón, así que Dios, —al permitir todo lo que le sobrevino— expuso lo que estaba encubierto".[34] Sin embargo estas son solo suposiciones. Sea cual fuere la situación interna de Job, lo cierto es que, de un momento a otro, todo cambió para él y su mundo se desmoronó de repente.

Se debe considerar que una situación como esta requiere de mucho entendimiento para poder comprender lo que realmente sucede en el sufrimiento que se experimenta en la vida. Muchas veces este llega a las personas sin previo aviso. Pues en el caso de este siervo de Dios no lo hubo, y no recibió una nota, o una señal de que algo andaba mal en su vida y que podía culminar en tragedia.

CALAMIDADES REPENTINAS

Es importante resaltar que hay una diferencia bien marcada en un caso que tiene aviso, tal y como lo es una luz amarilla (ambar) en un semáforo; donde el conductor de un auto sabe que una luz roja está a punto de aparecer, y que pasarse una luz roja traerá consecuencias desastrosas.

Otro ejemplo de un desastre avisado es cuando una persona

---

[33] Ibíd. 22
[34] Ibíd. 25.

sabe que su cuerpo está recibiendo más azúcar de la que necesita y eventualmente, si no hace los cambios necesarios en su dieta padecerá de diabetes. Otro puede ser una persona que está batallando con la debilidad de meterse a robar a las casas; un día uno de esos dueños defenderá lo suyo y esa persona podrá sufrir las consecuencias.

Entonces, un problema avisado es muy distinto a las calamidades que vivió Job. El no tuvo tiempo de prepararse para lo que vendría, sencillamente porque no hubo aviso, no hubo una luz amarilla o un examen médico que indicara que la salud se estaba deteriorando y que podría sufrir de un ataque de corazón o de alguna otra enfermedad terminal.

Las calamidades suelen suceder de repente; por ejemplo, un terremoto. Se ha visto a través de la historia cómo estos han sorprendido a las personas de cierta región cuando más tranquilos estaban, y de repente empezó a temblar la tierra. Los que han tenido la experiencia de vivir uno, saben de primera mano que la incertidumbre aparece enseguida, pues la persona no sabe hasta donde va a llegar esa situación. El edificio se puede derrumbar en un momento y todo terminó.

Otro ejemplo que se puede pensar es un accidente de tráfico en una carretera o intersección. Nadie lo espera, nadie lo prevé, pero todos están expuestos y eso puede cambiar el mundo de una persona. Este tipo de situaciones trastornan y cambian las vidas humanas de un momento a otro y hay quienes nunca se recuperan de una tragedia así.

Una vez una madre perdió a su hijo en un accidente automovilístico y nunca pudo superar la perdida. Su hijo murió de una forma terrible al volcarse el camión donde iba en una curva peligrosa y salió despedido cayéndole el vehículo encima. La madre lloraba tanto que vivió con su corazón roto siempre. Ella solía mirar la foto de su hijo todos los días, hasta que a los años murió sin haber logrado superar la pérdida.

De hecho, recientemente se le ha llamado a este mal, el *síndrome del corazón roto.*[35]

Entonces, las calamidades son reales y nunca avisan cuando llegan a la vida de las personas. En la mayor parte de las ocasiones van a transformarlo todo, van a cambiar vidas, corazones, forma de vivir y aun la forma de ver y juzgar al mundo, no obstante, el objetivo de este escrito es que lo transforme para bien.

UNA CALAMIDAD QUE NO SE ORIGINÓ EN LA TIERRA

Cuando se analiza la experiencia del patriarca Job, se puede decir, que él ni siquiera se imaginaba lo que se estaba negociando en las alturas. Es decir, en el terreno espiritual. En otras palabras, mientras él se preocupaba por sus quehaceres y por hacer las cosas lo mejor que podía en su vida y con su vida, en el cielo se estaba llevando una negociación sobre su futuro y su suerte.

Dice Yrion, "Job desconocía la conversación que tuvo Dios con el diablo en el cielo. Así que estaba ajeno al acuerdo que llegaron los dos. Por lo tanto, no podía ver lo que había detrás del telón."

En realidad "una negociación" es lo que estaba pasando allá arriba. Detrás de las cortinas se estaba llevando a cabo una negociación sobre el futuro de este individuo, sobre sus hijos, —que por cierto se dice muy poco, y murieron— sobre sus posesiones y sobre su salud. En otras palabras, esta "negociación" estaba amenazando todo el mundo del patriarca.

---

[35] El síndrome del corazón roto es una afección cardíaca temporal que a menudo es provocada por situaciones estresantes y emociones extremas. La afección también se puede desencadenar por una enfermedad física grave o una cirugía. Las personas con síndrome del corazón roto pueden tener dolor repentino de pecho o pensar que están teniendo un ataque cardíaco. Mayo Clinic, publicado en febrero 24, 2022. https://www.mayoclinic.org/es-es/diseases-conditions/broken-heart-syndrome/symptoms-causes/syc-20354617. Consultado el 18 de junio, 2022.

Aunque este tema lo abordaremos en los siguientes capítulos, vale la pena mencionar aquí que las calamidades de Job se planearon sin consultarlo, sin avisarle y mucho menos sin prepararlo. En el libro *"llamados a servir"* se enfatiza lo siguiente: "Job no se imaginaba la dimensión de su situación la cual yacía en una guerra invisible que se estaba dando en las regiones celestes y este pobre hombre bueno y justo fue el que la pagó".[36]

Este punto obliga a hablar de la soberana voluntad de Dios y de cómo Dios negocia en ocasiones con el enemigo de los creyentes, las cosas que los atacan. Los cristianos no ignoran estas cosas pues el mismo Cristo le dijo a Pedro, "Satanás os ha pedido para zarandearos como a trigo" (Lucas 22.31-32) y ya se sabe lo que pasó. El apóstol Pedro fue sacudido por el enemigo cuando Jesús fue arrestado y se debilitó tanto que negó a su Maestro tres veces (Mateo 26. 69-75). Por lo tanto, lo que le pasó a Job fue algo que suele suceder en el terreno de lo espiritual a los hijos de Dios. Allá donde no se alcanza a ver con el ojo humano, y mucho menos se puede entender. Por otro lado, es importante resaltar que el caso de Job no es el único; pero sí el más llamativo por la forma en que se planeó, y se llevó a cabo. En una forma graciosa a veces se puede decir esto; "Este fue un pleito de Dios con el diablo y Job pagó los platos rotos".

El caso de Job es un claro ejemplo de qué muchas veces la causa de los males que le suceden al hijo de Dios va a ser por causa del enemigo. No obstante, se debe recordar que, si esos males vienen por causa del enemigo, es porque Dios así lo ha determinado y no son permitidos a la ligera y mucho menos sin propósito. Por otro lado, hay que tener la confianza de que Dios le ha puesto límites a los males que le pueden venir a sus hijos.

Este punto es muy, pero muy importante de reconocer, porque el diablo nunca podrá ir más allá de lo que Dios le permita. En realidad,

---

[36] Roberto Tinoco, *Llamados a servir: una guía bíblica para desarrollar el ministerio cristiano*, (Bloomington, IN: Westbow Press, 2020), 24.

cada vez que una situación como esta sucede, Dios le pinta una raya clara y ancha al enemigo, y más vale que no se la cruce. "Dijo Jehová a Satanás: He aquí, todo lo que tiene está en tu mano; solamente no pongas tu mano sobre él. Y salió Satanás de delante de Jehová" (Job 1.12). La orden fue clara, "no pongas tu mano sobre él" así Dios le puso los límites al enemigo. Es importante mencionar que el enemigo no puede tocar a nadie sin que la persona le abra la puerta o que Dios lo permita.

Yrion hace una buena observación sobre la estrategia que utiliza el enemigo para atacar a los hijos de Dios; él dice: "Lo primero que hizo el diablo fue salir de la presencia de Dios. Tenía prisa de hacerle mal a Job". Luego agrega, "después que se marchó, el diablo fue habilidoso para esperar el tiempo oportuno para atacar".

Ese momento llegó cuando los hijos de Job estaban todos reunidos. Añade el escritor, "como se puede ver, el diablo esperará a que llegue el día en específico cuando te encuentres de turno, desanimado, abatido, derrotado, sin fuerzas para leer la palabra de Dios, o para orar, para ayunar, con muchos problemas, deudas, preocupaciones, enfermedades, presiones, trabajo, familia, ministerio, etc".

En realidad, el enemigo no duerme, especialmente cuando se trata de derrumbar a una persona grande y del calibre que era Job. Piense en Jesús por un momento. El enemigo hizo lo mismo con él, pues después de la tentación se apartó de él por un tiempo. Luego dice Yrion, "el diablo nunca te atacará por tu lado fuerte y por el cual tu estas bien, sino que lo hará siempre por tu punto débil"[37] y esta es una gran verdad.

La vulnerabilidad humana, y mucho más la de un creyente le da lugar al enemigo para atacar. Es posible que el diablo había estudiado muy bien al patriarca, pues conocía muy bien la vida de

---

[37] Josue Yrion, *El sufrimiento y la restauración de Job*, (La Mirada, CA: World Evangelism and missions Inc. 2019), 43.

este hombre, sus posesiones y todo lo demás. Tal vez supo cuál era la parte vulnerable que tenía y por allí lo atacó.

Por otro lado, el sufrimiento llevó a Job a un nivel extraordinario de grandeza personal e incomparable, en cuanto a otros personajes bíblicos, excepto Cristo. En otras palabras; por lo que Job padeció alcanzó un respeto tal, que se ha puesto como modelo. De esa manera, cuando alguien pasa por un proceso tan terrible como lo hizo este hombre ya tiene un ejemplo de cómo encararlo. Además, lo que se puede aprender de la experiencia de Job, indudablemente lleva a la persona a que crezca por medio de lo que le sucede.

Se debe agregar, también, que el sufrimiento hace que las personas se examinen a sí mismas y provoca que se exponga su propio corazón, para ver si de veras se ama a Dios o no. Es precisamente a través del sufrimiento que se revelan los motivos ocultos en el corazón del hombre, al sacarlos a la superficie después que se exponen como es debido, a través de una prueba. Yrion lo dice de esta manera: "Cuando se nos quitan las cosas que más estimamos y tenemos aprecio, o las personas que más queremos y amamos, es que de veras se prueba si amamos al Señor sobre todas las cosas.[38] Desafortunadamente es precisamente en esos momentos cuando muchos se alejan de Dios, pues sus convicciones y fundamentos no eran sólidos.

LAS PÉRDIDAS DE JOB

El sufrimiento del ser humano se basa en las pruebas que se atraviesan en la vida, tal como lo revela el libro de Job. La contrariedad de ello es cuando se sufre por el pecado, pero en el caso de Job ese no es el caso, sino que se narra su sufrimiento por todos los males que le vinieron en un solo día. Fueron tantos males uno detrás del otro que no se conoce algo parecido, por lo tanto, enseguida se analizará en breve uno por uno.

Lo primero que le ataca el enemigo son las cosas materiales. La

---

[38] José Yrion. 43-44.

razón era sencilla, como este hombre era tan rico, iba a ser sacudido primeramente por su estabilidad financiera. Por objeto de análisis vamos a clasificar los males que recibió Job en rondas o niveles de calamidades. Cada nivel tiene su relevancia en la vida de este hombre y contiene una enseñanza para considerar.

Perdió las yuntas de bueyes, las asnas y a todos sus criados.

"Y vino un mensajero a Job, y le dijo: Estaban arando los bueyes, y las asnas paciendo cerca de ellos, y acometieron los sabeos y los tomaron, y mataron a los criados a filo de espada; solamente escapé yo para darte la noticia". (Job I. 14-15)

La primera pérdida que tuvo Job fue la de las yuntas de bueyes, más las asnas y los criados. Esto debe interpretarse como aquel división o departamento que se dedicaba a trabajar el campo. En otras palabras, este consistía en agricultores que trabajaban la tierra. Los bueyes se usaban para arar la tierra y los asnos para cargar los productos que se sacaban del campo, lo que significa que tenía una empresa muy bien organizada y además amplia.

De hecho, se está hablando de quinientas yuntas de bueyes, eso es mil bueyes, ya que cada yunta es de dos por una. Sume que por cada yunta se necesitó como mínimo una persona para trabajar con ella, por consiguiente, se trata de quinientos obreros solo para las yuntas.

Además, en esta primera ronda de calamidades se perdieron quinientas asnas y "muchísimos criados", es decir trabajadores del campo. Entonces, la primera pérdida fue muy grande, desastrosa y dolorosa.

Perdió las ovejas y los pastores

"Aún estaba éste hablando, cuando vino otro que dijo: Fuego de Dios cayó del cielo, que quemó las

ovejas y a los pastores, y los consumió; solamente
escapé yo para darte la noticia". (Job 1. 16)

El segundo grupo de pérdidas tiene que ver con las ovejas y sus
respectivos pastores. Las ovejas y los pastores han sido una parte
fundamental de la cultura hebrea desde tiempos ancestrales. La
mayoría de los patriarcas tenían ganados de ovejas, las cuales servían
para el producto de la lana, la leche y la carne. Dichas ovejas se
usaban también para los sacrificios a Dios. Por otro lado, los pastores
formaban parte de una cultura tradicional la cual fue utilizada muchas
veces por Dios como una figura metafórica para referirse a las ovejas
como al pueblo del Señor y a los pastores como a los siervos de Dios
y en muchos casos se le da esta aplicación al mismo Dios.

Curiosamente el texto dice que este segundo grupo de víctimas
recibió el ataque con fuego desde el cielo. Aquí automáticamente
alguien puede cuestionar, ¿Qué es lo que realmente quiere decir esto?
¿Será que Dios fue el que mandó este fuego? Y si lo hizo, ¿Por qué?
Todas estas preguntas son válidas y dignas de contestación. Si se habla
de que caiga fuego del cielo para castigar se debe considerar que este
tipo de castigo es usado muy poco en las escrituras. Este se puede
encontrar en dos ocasiones significativas.

El primero que aparece, es en el castigo contra Sodoma y Gomorra,
cuando cayó fuego y azufre sobre estas ciudades pecadoras y fueron
consumidas por el fuego (Gn 19. 24-25), y el segundo caso fue
cuando el profeta Elías oró y descendió fuego del cielo para consumir
a dos de los tres grupos de cincuenta soldados enviados por Jezabel
para aprehender al profeta (2 Reyes 1. 9-14), luego el mismo hizo
descender fuego en otra ocasión, aunque para otro asunto que no era
el de castigar sino mostrar el poder de Dios ante los profetas de Baal
(1 Reyes 18.20-39).

Entonces, este asunto no es un caso aislado en las Escrituras, sin
embargo, en este caso en particular, es el diablo el que tiene el permiso

de Dios para herir a Job. Se debe hacer hincapié en que la pérdida en esta segunda ronda se trataba de siete mil ovejas y sus respectivos pastores que las cuidaban.

Perdió a los camellos y a los criados

> "Todavía estaba éste hablando, y vino otro que dijo: Los caldeos hicieron tres escuadrones, y arremetieron contra los camellos y se los llevaron, y mataron a los criados a filo de espada; y solamente escapé yo para darte la noticia". (Job I. 17)

Al igual que los grupos anteriores, este tercer golpe viene a otro departamento el cual consistía en tres mil camellos, junto a los trabajadores que trabajaban con ellos, los cuales formaban parte de la riqueza del patriarca Job. Los camellos al igual que los bueyes y las ovejas, formaban parte de la riqueza que se poseían en aquellos entonces y que representaban el estado financiero de una persona adinerada como el caso de Job. En el caso de los camellos, se puede decir que estas bestias tenían un uso extraordinario y muy necesario en la economía y la vida de aquel entonces. No solo eran utilizados como un medio de transporte, sino también eran utilizados para cargar mercancía y cruzarla por el desierto, lo que muy pocas bestias podían hacer.

Perdió a todos sus hijos

> "Entre tanto que éste hablaba, vino otro que dijo: Tus hijos y tus hijas estaban comiendo y bebiendo vino en casa de su hermano el primogénito; y un gran viento vino del lado del desierto y azotó las cuatro esquinas de la casa, la cual cayó sobre los jóvenes, y murieron; y solamente escapé yo para darte la noticia". (Job I. 18-19)

Finalmente, tenemos el último grupo de pérdidas que tuvo Job. Éste, a diferencia de los demás, era el golpe más devastador de todos, ya que se trataba de sus propios hijos; lo más preciado que tenía este gran hombre.

Es interesante notar la forma que también éstos fueron eliminados. Vino un viento del desierto y azotó las cuatro esquinas de la casa donde estaban y ésta cayó sobre los jóvenes, los cuales murieron.

Haciendo un simple análisis se puede decir que el embate de los vientos es común en el desierto, no obstante, en este caso en particular tal pareciera ser que fue un tornado o gran remolino, pues golpeó contra las cuatro esquinas de la casa.

Solo de imaginarse la pérdida de un ser querido es algo difícil de procesar; ahora imagínese perder a siete hijos y tres hijas, esto fue una verdadera tragedia. Y lo peor, todo en un solo día.

La pérdida de la salud

> "Entonces salió Satanás de la presencia de Jehová, e
> hirió a Job con una sarna maligna desde la planta del
> pie hasta la coronilla de la cabeza". (Job 2: 7)

Por si fuera poco, el castigo, de lo que ya se presentó arriba, a Job le vino una sarna maligna sobre su cuerpo. Esta enfermedad tenía el objetivo de doblegar a este hombre delante de sus calamidades y así concluir con el plan del enemigo que incluía exponer —según él, "la equivocación de Dios al confiar en la integridad de un hombre que no lo avergonzaría" y, en segundo lugar, exponer la fragilidad del ser humano capaz de maldecir a Dios al ser golpeado en su misma carne con una enfermedad terrible. Vale la pena mencionar que este último ataque fue iniciado por Satanás al decirle a Dios refiriéndose a Job, "… Piel por piel, todo lo que el hombre tiene dará por su vida. Pero extiende ahora tu mano, y toca su hueso y su carne, y verás si no blasfema contra ti en tu misma presencia". (Job 2.4-5)

Al ver que sus planes habían fallado, —pues Job nunca maldijo o se quejó de las pérdidas— el enemigo decidió llevar esto a un nivel superior, al del dolor en carne propia, y Dios convino también en eso. La enfermedad tiene el poder de transformar una vida para bien o para mal. En realidad, cuando alguien se enferma, especialmente de una enfermedad maligna, el sufrimiento se hace terrible, ya que éste puede tocar todas las áreas de la vida. En este caso, la enfermedad puede hacer que la persona se doblegue, o, por otro lado, puede sacar lo peor del individuo.

En realidad, es precisamente este momento el punto culminante o clímax de lo que un hombre puede o no hacer en un momento de crisis, dolor, enfermedad y muerte. En otras palabras, es en este momento, donde la vida humana es amenazada en el que la mayoría de las personas toman una postura ya sea para bien como para mal. Algunos sucumbirán ante el dolor, mientras que a otros los hará más fuertes.

Para cerrar este capítulo, es importante reconocer que la historia de este personaje se ha plasmado en la Biblia para decirle al que sufre que todo está bajo control y nada sucederá sin que el Señor lo autorice. No obstante, después de haber leído sobre los sufrimientos y las pérdidas de este hombre; alguien estará preguntándose; ¿Qué fue lo que hizo Job? ¿Cuál fue su respuesta ante tanto dolor? ¿Qué le dijo a Dios? Pues bien, estas preguntas son válidas y se estarán contestando en adelante donde se expondrá precisamente y de una manera amplia la respuesta al sufrimiento.

No obstante, después de ver todas las calamidades que pasó Job, siendo un hombre justo, bueno e integro, y amador de Dios, uno debe hacerse algunas preguntas adicionales como: ¿Por qué le pasó todo esto a Job? ¿Qué fue lo que hizo para recibir tremendo castigo? ¿Por qué sufre la gente buena y justa? O ¿De qué sirve guardarse, si a la hora de la hora pareciera no haber diferencia?

Todas estas preguntas se estarán contestando en el transcurso de este libro, pues es precisamente esa la motivación que ha llevado a escribir al respecto, ya que muchas personas pueden estar sufriendo ahora mismo y no saben por qué y mucho menos qué hacer. Este libro pretende exponer una respuesta sencilla a los sufrimientos del ser humano y ayudarle a superarlos con la ayuda de Dios.

Capítulo 4

¿POR QUÉ SUFRE LA GENTE?

Dios mío, Dios mío, ¿por qué me has desamparado? ¿Por qué estás tan lejos de mi salvación, y de las palabras de mi clamor? Dios mío, clamo de día, y no respondes; Y de noche, y no hay para mí reposo.
Salmos 22.1-2.

La historia de Job que estudiamos en el capítulo anterior ha dejado grandes preguntas que requieren grandes respuestas, o al menos, algo que pueda traer un poco de luz a la confusión que muchas veces se lleva en medio del dolor.

A través del caminar cristiano se ha escuchado una y otra vez no solo la queja, sino la pregunta, ¿por qué sufrimos?, ¿por qué tenemos que pasar por tantas cosas en la vida? Peor aún, ¿por qué sufren los que son buenos? Es muy común que cuando muere alguien usualmente, se saca a relucir las buenas obras de aquella persona e incluso se llega a decir, ¿Por qué tuvo que morir? La verdad es que muchas veces la mayoría de las personas se ha preguntado, ¿Por qué nos sucede tal cosa? Y es que, en realidad como seres humanos, tendremos que lidiar siempre con esas preguntas. Sin embargo, la pregunta que ocupa a esta obra es la siguiente, ¿De dónde viene el sufrimiento? O, ¿Por qué sufre la gente?

El propósito de este libro y en especial de este capítulo es traer luz y un poco de revelación acerca del sufrimiento que se experimenta en la vida humana. Por lo tanto, en este capítulo presentaremos de una manera sencilla y desde el punto de vista bíblico y teológico, la razón por qué sufren los seres humanos y más específicamente, ¿Por qué sufren los que creen en Dios? ¿Cuál es el origen del sufrimiento? Entre otras cosas.

EL ORIGEN DEL SUFRIMIENTO

Cuando se habla del origen del sufrimiento en la vida, por lo general uno se hace la pregunta, ¿De dónde proviene? Por lo tanto, es importante mencionar que el sufrimiento tiene, no solo un origen sino un propósito ante los ojos de Dios. Cuando se estudia este asunto desde el punto de vista de la teología se puede encontrar las fuentes del dolor humano y las causas del sufrimiento que azota a los seres humanos.

EL SUFRIMIENTO VIENE POR EL DIABLO.

El primer generador de los problemas en el mundo, de los males en el universo y del sufrimiento del ser humano, tiene su origen en el mismo diablo. Nadie está más interesado en hacer sufrir al hombre que el mismo Satanás. Ya se ha presentado suficientes argumentos para sostener esta tesis, sin embargo, las fuentes son inagotables.

Desde el jardín del Edén el diablo hizo de las suyas engañando a los primeros padres —como se verá enseguida, creando así un caos universal que traspasaría fronteras y tiempos. Luego se pudo observar claramente que los problemas, las pérdidas y la enfermedad de Job fue creada por la incitación del diablo hacia Dios, y además fue el mismo Satanás el causante de todas las calamidades que vivió este pobre hombre. En realidad, es el diablo el que crea muchos de los problemas del hombre.

Una de las formas más comunes de interacción entre el diablo y sus víctimas es la tentación. En la Biblia se relata cómo el enemigo se levanta contra los hijos de Dios con el solo propósito de crear caos en una persona, en un pueblo o en una nación. Uno de estos ejemplos en los que tienta a alguien y esto tiene repercusiones en un pueblo fue la tentación que tuvo el rey David. El texto dice así: "Pero Satanás se levantó contra Israel, e incitó a David a que hiciese censo de Israel." (1 Crónicas 21:1)

A simple vista parece ser un texto inofensivo y que no puede crear ninguna disonancia, no obstante, hay mucho que decir. La tentación del diablo consistió en incitar al rey a censar al pueblo de Israel. Alguien puede preguntar, ¿Qué de malo tiene censar al pueblo? Bueno, en verdad era un pecado contar al pueblo de Dios ya que Dios se lo había prohibido a Israel. El pueblo de Dios no se podía contar y la única forma de contarlo era, si el mismo Dios lo ordenaba y segundo, pagando un precio de rescate por ello (Éxodo 30.12).

En este caso, Dios no lo había ordenado, sino que fue Satanás quien movió a David para hacerlo. El diablo trabajó el orgullo de David para saber cuánto pueblo y ejercito tenía. Aunque el pasaje paralelo a este es 2 Samuel 24.1 según el cual fue Dios quien incitó a David, en realidad fue Dios quien permitió que Satanás tentara a David para censar al pueblo.

El resultado de esta acción fue una gran mortandad en el pueblo de Israel, pues Dios envió una peste y murieron setenta mil hombres (1 Crónicas 21.14) y además el ángel destructor iba a exterminar a Jerusalén. Cuando David se puso entre medio y reconoció su pecado, y se arrepintió cesó la mortandad (1 Crónicas 21.14-17). Este incidente enseña claramente cómo el enemigo trabaja para crear confusión, malestar, enfermedad y muerte en los seres humanos. Es por lo que verdaderamente, una de las fuentes del dolor y la miseria humana es el mismo Satanás. El tratará de engañar al ser humano para que caiga, fracase y sea miserable. Él moverá cielo y tierra para hacer que el hombre viva en miseria y en oscuridad porque así es como él puede hacer de las suyas. Por eso mismo, el creyente no debe darle oportunidad al enemigo en ningún sentido de la palabra, pues terminará sufriendo, o caerá enfermo y hasta muerto. Esa es una de las razones principales por las que Jesús lo desenmascaró y lo llamó "mentiroso, padre de mentira y homicida" (Juan 8.44). Luego lo llama "el ladrón que viene a hurtar, matar y destruir" (Juan 10. 10). Entonces, la mayoría de los sufrimientos humanos son causados por el enemigo de nuestras almas.

EL SUFRIMIENTO VIENE POR CAUSA DEL PECADO.

En segundo lugar, el sufrimiento viene a los seres humanos por causa del pecado. Siguiendo un enfoque teológico se puede decir, que uno los elementos que produce el sufrimiento es la desobediencia del mismo hombre a los mandamientos de Dios y a causa del pecado del mismo hombre.

Esto se encuentra precisamente por primera vez en el castigo que tuvieron los primeros padres en la historia bíblica una vez que hubieron pecado. El mandamiento era claro, preciso y contundente.

> "Y mandó Jehová Dios al hombre, diciendo: De todo árbol del huerto podrás comer; más del árbol de la ciencia del bien y del mal no comerás; porque el día que de él comieres, ciertamente morirás. (Génesis 2. 16-17).

No había mucho que decir o discutir a la orden del Creador. El mandato era claro y desobedecerlo acarrearía consecuencias terribles. No era un gran mandamiento —considerando nuestro mundo hoy, pero era muy grande para ellos.

En este pasaje se pueda apreciar el ataque del enemigo, tal y como se decía en el capítulo anterior: Destruir al ser humano y hacerlo sufrir. Su estrategia seria la tentación —como ya se mencionó, para desobedecer la orden dada por Dios a los primeros padres. No solo les planteó que no iba a pasar nada si comían de ese fruto, sino que iban a ser semejantes a Dios. Al considerar tal oferta, no se pudieron resistir y cayeron rendidos ante el enemigo habiéndole fallado a Dios, (Gen. 3. 1-6). De allí en adelante vendría la miseria humana y se abriría la fuente del dolor y sufrimiento para los seres humanos.

A la mujer la castigó dándole los dolores de parto, cada vez que diera luz a sus hijos, (Génesis 3. 16). *Aquí se encuentra el primer sufrimiento físico registrado en las escrituras y fue por causa del pecado.* La mujer fue la que pecó primero, y Dios le retribuyó con el dolor más grande que puede experimentar una mujer. Lo que sufre una madre cuando está dando a luz es tan intenso, que no hay palabras para describirlo, ya que literalmente el bebé desgarra el cuerpo de la mujer en carne viva. Es tan intenso que muchas mujeres, se desmayan, lloran, gritan, rasguñan al pobre marido, y en el peor de los casos, hasta pierden la vida.

Al varón le dio el castigo de tener que trabajar la tierra y comer sus frutos con el sudor de su frente, además, trabajaría una tierra maldecida por su pecado y esta le produciría espinos y cardos en su lugar. (Génesis 3. 17-19).

Alguien puede decir que este no es sufrimiento, pero en realidad si lo es. Solamente piense que en aquellos tiempos no había la tecnología que tenemos hoy en día y que literalmente el varón tenía que trabajar de sol a sol para ganarse unas cuantas monedas para sobrevivir. Entonces si era algo terrible que no lo esperaba.

La desobediencia a Dios, a sus leyes y lo que él ha establecido como normas de vida, llevan a la persona a sufrir por causa de esa desobediencia. Es interesante mencionar que esta es una de las causas principales que trae mal a los seres humanos. No obstante, hay que mencionar que las personas no creyentes pueden tener otra opinión, debido a que la desobediencia de sus antepasados ha creado una tradición de culpar a otras cosas por sus propios males. Sin embargo, la Biblia es clara en afirmar que toda desobediencia trae cierta retribución de mal (Hebreos 2.2)

El pecado por su parte siempre traerá consecuencias desastrosas a la humanidad. La definición de la palabra "pecado" varía dependiendo la fuente que la traduzca. Por ejemplo, la real Academia de la lengua traduce la palabra pecado, (Del lat. *peccātum*), como una trasgresión voluntaria de preceptos religiosos. O también, algo que se aparta de lo recto y justo, o que falta a lo que es debido.[39] Para los griegos, pecado se traduce de la palabra, *hamartía* que significa 'fallo de la meta, no dar en el blanco'. El diccionario Larousse lo traduce como: trasgresión de la ley divina.[40] Y finalmente, el diccionario de Términos Teológicos la define así: Es la fundamental falta de creencia, desconfianza y rechazo de Dios y del desplazamiento humano de Dios como centro de la realidad.[41]

Como se puede observar casi la mayoría de estas definiciones tienen que ver con fallar en hacer lo bueno o con fallar en cumplir algún mandamiento; algunos teólogos afirman que el pecado no es una mera debilidad de la criatura, tampoco es algo innato en el hombre; el pecado no es una herencia bestial y mucho menos una ausencia de lo bueno en el hombre; el pecado es la trasgresión de la ley de Dios. La Biblia dice:

> "Todo aquel que comete pecado, infringe también la ley; pues el pecado es infracción de la ley". (I de Juan 3: 4); otro texto dice lo siguiente: "y al que sabe hacer lo bueno y no lo hace, le es pecado". (Santiago 4: 17).

Entonces, practicar el pecado sin lugar a duda traerá un serio problema al hombre. Hoy se está viendo a la humanidad perdida en el

---

[39] *Real academia de la lengua.* https://dle.rae.es/diccionario. Consultado el 18 de junio, 2022.

[40] *Diccionario El pequeño Larousse Ilustrado.* (México, D.F.: edición Larousse, 2005).

[41] Stanley J. Grenza, David Guretzki y Cherith Fee Nordling. *Términos teológicos,* (El Paso, TX: Editorial Mundo Hispano, 2006).

pecado y alejada de Dios, y ¿qué se puede esperar? sino consecuencias desastrosas. Considérese por un momento, al drogadicto que está atado al vicio de cierta droga y sin ello no puede vivir. Aunque hoy en día se clasifica a esa persona como enferma, en realidad comenzó con un pecado contra su propio cuerpo y violando la ley de Dios. Piense en la persona que vende su cuerpo o se prostituye, ¿qué se puede esperar de ello? corrupción sin duda, no obstante, esa persona está cometiendo el pecado de fornicación, adulterio entre otros pecados. Y ¿Cuál será el fin de esa persona? El mal. Entonces, se puede ver que el pecado en realidad trae consecuencias al ser humano. Y como consecuencia sufre, es esclavizado, pasa dolor, enfermedades y muchos males en su vida.

El pecado es el causante principal de la miseria humana. Si bien es cierto que el enemigo tienta a los hijos de Dios a la desobediencia, no obstante, son los creyentes los que toman la decisión de pecar y así abrir la puerta al sufrimiento. Un ejemplo para ilustrar esta miseria se encuentra en el evangelio de Juan cuando Jesús sana a aquel paralítico que yacía en el estanque de Bethesda junto con un sinnúmero de cojos, ciegos y paralíticos.

A este paralítico en particular le preguntó si quería ser sano, y por supuesto que Jesús lo sanó, pero después el Maestro le dice, "no peques más, para que no te venga algo peor" (Juan 5. 1-14). Claramente se observa que la enfermedad de 38 años de este hombre se debía a un asunto de pecado.

Capps sugiere que "el pecado" que padecía este hombre — consistía en un desorden de conversión,[42] el cual precisamente lo tenía paralizado por treinta y ocho años en su lecho.[43] Es pues el

---

[42] Desorden de Conversión. Es una afección mental en la cual una persona presenta ceguera, parálisis u otros síntomas del sistema nervioso (neurológicos) que no se pueden explicar por medio de una valoración médica. https://medlineplus.gov/spanish/ency/article/000954.htm. Consultado el 18 de junio, 2022.

[43] Donald Capps, *Jesus the Village Psychiatrist*, (Louisville London, Westminster John Knox Press, 2008)53-55.

pecado que hace que las personas sufran y padezcan muchos dolores en este mundo. Cabe decir en este inciso, especialmente para aquellos que culpan a Dios de sus males y le reclaman a Dios cuando les paso esto o aquello, que la culpa no es de Dios. La culpa es del pecado que mora en el hombre. Si el hombre no quiere sufrir, entonces debe abandonar el pecado.

EL SUFRIMIENTO VIENE POR CAUSA DE OTRAS PERSONAS

En tercer lugar, el sufrimiento viene a la vida debido a las otras personas que lo rodean. Esto quiere decir, que si bien, no todas las personas van a hacer daño, sí se va a sufrir por causa de las acciones, intenciones y errores de otras personas ajenas a uno mismo.

En la Biblia se encuentra como ejemplo el caso de Abel, quien fue la primera víctima de la historia de la humanidad (Génesis 4. 8-11) hace miles de años. En un arranque de envidia, frustración y celos, Caín le arrebató la vida a su propio hermano Abel, quedando registrado como el primer asesino de la historia y pagando así por su pecado, ya que fue maldecido por Dios. Pero, ¿Por qué sucedió esto? ¿Qué llevó a Caín a arrebatarle la vida a su propio hermano Abel? Por el texto bíblico leído se puede observar claramente que fue por celos y envidia contra su hermano.

El caso de Abel es sin lugar a duda uno de los ejemplos más claros para ilustrar de que muchas veces el dolor humano va a ser causado por otras personas, las cuales en ocasiones va a incluir aun a los seres queridos o la misma familia.

Esto en verdad es terrible, solamente de pensarlo. Imagine por un momento, que alguien va muy contento a su trabajo. Incluso puede ir alabando a Dios, cuando de repente alguien se lleva la luz roja porque va distraído en el teléfono celular —tal vez enviando un mensaje de texto, y esa persona que iba experimentando un día maravilloso, recibe un golpe en su vida que puede terminar en la perdida de una parte de su cuerpo, quedar paralitico, invalido o hasta muerto. ¿De quién fue la culpa? De aquel irresponsable que no pudo aguantarse de revisar su teléfono y enviar un mensaje de texto. Entonces, el dolor que esa pobre persona llevó en su vida, fue causado por alguien ajeno a él. Eso es realmente lo que se quiere enfatizar en este punto. Los seres humanos tienen la particularidad de ser egoístas, descuidados, irresponsables, y faltos en relación con sus semejantes. En este sentido, el dolor es causado por otras personas que fallaron en contra de sus prójimos.

Sin ir más lejos, al momento de escribir este trabajo, los Estados Unidos y el mundo son sacudidos por las trágicas noticias en las que un joven de apenas 18 años de edad, asesinó de una manera terrible a 19 niños inocentes y a dos maestras en una escuela primaria en la ciudad de Uvalde en el estado de Texas.

Uno de los encabezados de las noticias mundialmente decía así, "Masacre en Texas: al menos 19 niños y dos maestras mueren en un tiroteo en un aula de una escuela primaria"[44] Otro decía así "21 muertos en la primaria Uvalde en el tiroteo escolar más mortífero de la historia de Texas"[45] —traducido por el autor.

El perturbador incidente surge en medio de una ola de tiroteos en los Estados Unidos que ha causado la pérdida de un sinnúmero de personas inocentes que nada tienen que ver en la vida de aquellas personas perturbadas o con problemas mentales o con situaciones de cualquier otra índole. En este caso en particular, el tiroteo se llevó a cabo en la escuela primaria *Robb Elementary School* según los noticieros.

Según se sabe por las autoridades, el sujeto identificado como Salvador Ramos de 18 años le disparó a su abuela hiriéndola gravemente y luego escapó en una camioneta la cual estrelló frente a la escuela para después introducirse en la escuela y amotinarse en un

---

[44] BBC News Mundo, "sobre masacre en Texas", publicado el 24 de mayo, 2022. https://www.bbc.com/mundo/noticias-internacional-61516828. Consultado el 26 de mayo, 2022.

[45] Sneha Dey, *The Texas Tribune*, Publicado mayo, 24, https://www.texastribune.org/ 2022/05/24/uvalde-texas-school-shooting/.

salón de clase donde masacró violentamente a los niños y a las dos profesoras.

Como se podrá imaginar, el dolor que sienten los familiares es inmenso y la frustración que sienten los padres al no poder hacer nada para salvar a sus hijos se incrementa. Por cierto, se ha sabido que dos días después el esposo de Irma García, una de las maestras, el Sr. Joe García murió de un ataque al corazón al no poder resistir el dolor de haber perdido a su esposa en esta tragedia. Esta pareja, víctima de este ataque malévolo deja a cuatro niños huérfanos. Los medios han dicho que murió del corazón roto.[46] Solo de imaginarse lo terrible de esta situación dan ganas de llorar de dolor e impotencia por lo sucedido.

El joven asesino apenas había cumplido los 18 años y su regalo fue una escopeta de alto calibre como para ir a la guerra. Lo terrible de todo esto es que en Los Estados Unidos es ilegal que una persona de menos de 21 años, compre cigarrillos y alcohol. Paradójicamente, una persona de 18 años puede comprar un rifle y las municiones para hacer una masacre como esta. No cabe duda de que este mundo está al revés. Como si esto fuera poco, grupos a favor de las armas siguen adelante con su política a favor de armar a la población para que se defienda.

Independientemente de lo que se piense al respecto, lo cierto es que mucha gente inocente paga las consecuencias por las malas acciones de los demás. La pregunta que uno se hace es, ¿Hasta cuándo? ¿Cuántas masacres vamos a ver para que se haga algo? ¿Por qué tienen que sufrir los inocentes? ¿Por qué pasó esto?

Estos tiroteos están creciendo de manera exponencial en los Estados Unidos y cada vez hay más víctimas de este mal. Según CNN en español en lo que va del presente año han ocurrido al menos 212 tiroteos citando el archivo de violencia armada. Curiosamente el

---

[46] Bernd Debusmann Jr. BBC News, publicado el 27 de mayo, 2022. https://www.bbc.com/news/world-us-canada-61569655. Consultado el 27 de mayo, 2022.

medio cita la masacre de Buffalo NY en la que otro muchacho de 18 años también masacró a 18 personas.[47]

Desafortunadamente, esta historia no es nada nueva. La Biblia está llena de ejemplos en los que personas sin escrúpulos violentaron la vida de otras personas, en este caso inocentes, y estas sufrieron mucho por causa de individuos que no se tentaron el corazón para hacer lo que hicieron.

Un caso en la biblia es el caso de José, el hijo de Jacob. Se sabe que este es uno de los casos muy tristes de la historia bíblica en la que alguien es herido solamente porque Dios lo bendice y le da visiones y sueños. La historia de José es una historia que hace llorar a cualquiera, solamente al saber que sus propios hermanos, lo quisieron matar y lo vendieron como esclavo. ¡Imagínese usted la historia! Este joven no había hecho nada malo, no obstante, sus hermanos no lo querían. ¿Y por qué no lo querían? Porque este joven era amado de su padre y gozaba del favor de Dios sobre él.

En ocasiones las bendiciones de Dios sobre la vida de una persona van a provocar celos, envidia y rechazo de los demás. No obstante, los hijos de Dios no tienen la culpa de que el favor de Dios esté de su lado. Ese es precisamente el problema.

Las personas malas por lo general van a intentar siempre algo malo o negativo contra los que quieren ser mejores o sencillamente rectos. José sufrió demasiado por causa de sus hermanos, quienes progresivamente fueron llevando su malestar desde una incomodidad hasta atentar contra su vida tirándolo en un pozo para que muriera y finalmente terminaron vendiéndolo como esclavo a unos mercaderes, quienes a su vez lo venderían como esclavo en Egipto. Sin embargo, en medio del dolor, los justos van a recibir el consuelo de la presencia

---

[47] CNN Español, publicado 24 de mayo, 2022. https://cnnespanol.cnn.com /2022/ 05/24/cuantos-tiroteos-masivos-estados-unidos-2022-orix/. Consultado el 26 de mayo, 2022.

de Dios con ellos. La biblia dice: "Pero Dios estaba con él" (Hechos 7.9) y eso era suficiente para poder luchar contra viento y marea.

Ya estando en Egipto, se repite el mismo patrón de sufrimiento causado por los demás. Siendo el siervo de Potifar, Dios lo levantó y lo puso en una mejor posición, pero allí la esposa de Potifar quiso abusar de él y lo culpó de algo que no hizo para que fuera a parar a la cárcel (Génesis 39. 7-20). Los ejemplos mencionados son la prueba de que muchos de los sufrimientos de los seres humanos van a ser causados por los demás.

EL SUFRIMIENTO VIENE POR NUESTRAS MALAS DECISIONES

En cuarto lugar, los sufrimientos que se padecen en este mundo suelen venir por las malas decisiones que uno toma en su vida. Es decir, cuando el individuo motivado por su deseo, motivación, descuido o inclinación realiza actos mal pensados o medidos, pueden resultar en el dolor propio.

Uno de los ejemplos más claros respecto a las repercusiones que tienen las decisiones que hacen los seres humanos, lo encontramos en el evangelio de Lucas con la parábola del hijo prodigo (Lucas 15). La parábola del hijo prodigo es una parábola que contiene varios mensajes muy interesantes para la gente de hoy en día y específicamente para el tema que se está tratando. Aunque es una parábola muy antigua, dicen los expertos que es más vieja de lo que se puede imaginar; pues se usó allá por el viejo Egipto. No obstante, —si esto fuera así, aunque es vieja tiene su aplicación para el tiempo de hoy y especialmente para el tema que se está tratando.

El papel del hijo prodigo analizado bajo la lupa de un comentarista bíblico, de la Biblioteca electrónica Caribe-Betania dice lo siguiente: "Debemos analizar primero el titulo correcto de esta parábola: ¿Le llamaríamos el hijo prodigo o el hijo desobediente, o simplemente el rebelde, o el padre amoroso y misericordioso?"

Si se toma la palabra pródigo. Se puede observar lo siguiente: (Del lat. *prodĭgus*). Dicho de una persona: Que desperdicia y consume su hacienda en gastos inútiles, sin medida ni razón. También significa uno que desprecia generosamente la vida u otra cosa estimable. Finalmente —según la enciclopedia, se refiere a un hijo que regresa al hogar paterno después de haberlo abandonado durante un tiempo, tratando de independizarse.[48]

Aunque se desconocen las razones por las que este joven querría irse de la casa de su padre, es muy probable que alguien así posiblemente habría tenido como motivación, el deseo de libertad o independencia, o seguramente tendría problemas con su padre o su hermano.

De cualquier forma, se puede ver claramente una razón injustificable para irse de la casa y lo peor, pedir su herencia anticipada. "Dame la parte de los bienes que me corresponde" (Lucas 15. 15.12) fueron las palabras de este joven a su padre. Los expertos dicen que, en el mundo de ese entonces, es muy posible que este hijo haya sido muy joven y soltero. Por ser el menor, le correspondía la mitad de lo que recibiría el hijo mayor (Deuteronomio 21.17), o la tercera parte del patrimonio de su padre. Los antiguos judíos advertían a los padres sobre el repartir sus herencias demasiado temprano. No obstante, surge una pregunta muy interesante; ¿Por qué el Padre no lo detuvo, si sabía que no era lo correcto?

Aunque la parábola tiene mucha tela que cortar y se puede aprender mucho sobre la misma, este punto solo cubrirá una sola cosa, "las malas decisiones". El libre albedrio,[49] o la decisión personal es un asunto que sale a relucir en esta historia, pues este muchacho tomó su propia decisión. En este caso, el padre accede a la solicitud, lo que demuestra cómo Dios permite que cada uno tome su propio rumbo. En otras palabras, cada uno es dueño de sus decisiones, y es

---

[48] W. E. Vine, *Diccionario Expositivo en Enciclopedia Electrónica Ilumina*, (Orlando FL Caribe-Betania, 2005).

[49] Según la enciclopedia de la real academia española; el libre albedrío es la potestad de obrar por reflexión y elección. "Bajo Libre albedrío". https://dle. rae.es/albedr%C3% ADo#Pjn8tS8. Consultado el 19 de Mayo, 2022.

precisamente aquí donde comienzan los problemas y dolores humanos. Cuando se toman decisiones equivocadas, por error, o sencillamente porque alguien no se quiere ajustar a las reglas y voluntad de Dios. Luego dice el texto, "...Y les repartió los bienes". Debe notarse que el padre no reparó en darle los bienes que le correspondía y así estaba encaminando a su propio hijo al desastre espiritual, físico y material.

El hijo prodigo vivió una vida perdida, además, una vida de derroche, pues dice el texto que desperdició sus bienes viviendo perdidamente (Lucas 15.13) El verbo usado indica la idea de "esparcir o dispersar algo". La palabra que se traduce por "perdidamente» da la idea de una vida extravagante y socavada" (Proverbios 28.7).

¿Y cuáles fueron los resultados de su mala decisión? Su bancarrota económica, moral y espiritual. Toda decisión, sea buena o mala tendrá sus consecuencias, y muchas veces estas pueden ser muy dolorosas. Algo para recordar es que, el dinero no dura toda la vida. Cuando se va el dinero, se van los amigos.

Después vinieron las experiencias lamentables para este joven. El texto dice que vino una gran hambre a esa región, se le acabó el dinero y tuvo que trabajar para sostenerse, no obstante, nadie le daba trabajo, tal vez porque no había o porque no sabía trabajar, pues era el hermano menor, —Usualmente el que menos trabaja, en algunos casos, y terminó alimentando cerdos, lo cual era muy ofensivo e impuro para un judío.

Finalmente vino lo peor pues tuvo que pedir la comida de los cerdos para poder comer ya que nadie le daba nada para comer (Lucas 15. 14-16).

Como se ha podido aprender en esta historia, el sufrimiento muchas veces es causado por uno mismo, las personas escogen ese camino, por las malas decisiones. Nadie mandó a este joven a dejar su casa, a sus padres, o la buena vida y todo lo que tenía para vivir perdidamente. Él solo buscó este mal.

En este momento preciso hay muchas personas en las calles, sin casa, ni abrigo, ni alimento, no porque no tengan una casa y una familia, sino porque han escogido la vida fácil, la de la vagancia y la de la perdición. Han sido negligentes consigo mismos, y han desperdiciado su juventud tal vez, derrochando el dinero y la vida, simplemente porque así lo decidieron. Sufren porque así lo han querido. Se debe aclarar que este comentario no se refiere a los que están enfermos o que han perdido todo por causas fuera de su control.

Las malas decisiones indefectiblemente llevaran a padecer dolor, tristeza y en muchas ocasiones hasta la muerte. Solo piense por un momento en algunos personajes bíblicos. Por ejemplo, El rey Saúl sufrió la pérdida de su reinado porque hizo cosas que no debería hacer delante de Dios, —tales como ofrecer sacrificios, lo cual no le era permitido y Dios lo desechó y se buscó otro hombre para que ocupara su puesto (I Samuel 13.13-14). Luego fue destronado y desechado para siempre y su descendencia quitada del privilegio de reinar por desobedecer y aun argumentar contra las ordenes que había recibido de Dios en su encomienda contra los amalecitas, lo que le causó también su muerte (I Samuel 15). Saúl es un claro ejemplo de que el dolor, la infelicidad, la tragedia y aun la muerte, —En este caso muy trágica, sea culpa de una mala decisión.

¿Y qué se diría del rey David?, —quien fracasó con Betsabé y le costó mucho dolor, tristeza y amargura, y aun la pérdida del hijo que tuvieron (2 Samuel Caps. 11-12). El rey David también sufrió de una manera extraordinaria en todos los sentidos por su mala decisión al tomar una mujer que no le correspondía, y al mandar aniquilar y aun asesinar al esposo de ella. Sin embargo, como se mencionó arriba, eso sencillamente fue el resultado de no escoger lo que era correcto.

Entonces, por lo general, se sufre en este mundo porque no se toman buenas y correctas decisiones y estas muchas veces van a hacer llorar y traerá lamentación al ser humano. Lo peor —como en los casos mencionados, no es el sufrimiento del que toma el camino equivocado, sino el que hace sufrir a los seres queridos quienes le aman y van a estar allí para el pródigo.

EL SUFRIMIENTO VIENE PORQUE DIOS LO PERMITE

Finalmente, hay un sufrimiento que Dios permite, y este tiene que ver con su propósito. Si bien Dios no quiere que sus hijos sufran, no obstante, el no esconde el mismo de ellos y mucho menos lo quita. En este caso, es un sufrimiento permisivo y que a la postre tendrá una recompensa de bendición en todos los sentidos. Esta clase de sufrimiento, Dios lo conoce muy bien, pues él participó de el en su forma humana (Jesús), en su visita a esta tierra.

La biblia contiene infinidad de ejemplos en los que Dios permitió el dolor y el sufrimiento en algunas personas deliberadamente porque tenía un plan específico para dicha persona. Uno de los ellos, al cual Cristo se lo dice directamente, fue el Apóstol Pedro.

> "Dijo también el Señor: Simón, Simón, he aquí Satanás os ha pedido para zarandearos como a trigo; pero yo he rogado por ti, que tu fe no falte; y tú, una vez vuelto, confirma a tus hermanos". (Lucas 22. 31-32)

Otra vez surge en la escena el enemigo de los hijos de Dios y con la misma estrategia de siempre, "provocar a Dios". El diablo le había pedido a Cristo que le soltara a Pedro para Zarandearlo. Esta palabra del Gr. *"Siniazo"*, significa: Apalear, aventar, cerner, zarandear.[50] Y ¿quieren saber que decidió el Señor? Pues, Jesús lo permitió. Entonces, si Dios permite el sufrimiento, uno se debe de preguntar, ¿Por qué lo permite? Y ¿Cuál es el propósito de Dios? Esta y muchas otras preguntas por lo general los seres humanos se hacen periódicamente, especialmente cuando no la están pasando nada bien, debido a un dolor que se tenga o a que se esté experimentado un momento de

---

[50] W. E. Vine, *Diccionario Expositivo en Enciclopedia Electrónica Ilumina*, (Orlando FL Caribe-Betania, 2005).

sufrimiento. Lo cierto es que —como en el caso de Pedro, este es permitido por Dios.

La Biblia cuenta la historia del milagro que Jesús hizo en Lázaro al resucitarlo. Es muy enfática al mostrar que Dios hace muchas cosas a propósito o las permite por lo mismo. En este ejemplo (Juan 11.1-44) se observa claramente que Lázaro —amigo de Jesús, enferma muy seriamente y las hermanas le envían a Jesús un mensaje para avisarle que está muy enfermo. No obstante, el Maestro les dijo que esa enfermedad no era para muerte, sino para que la gloria de Dios se manifestara. Y ¿Qué hace Jesús? Se queda dos días más predicando la palabra en el lugar donde estaba. Y ¿Qué sucedió? Lázaro, el amigo de Jesús y a quien el Señor amaba, murió.

Se observa pues claramente en este caso, que Jesús deliberadamente se quedó dos días más en el lugar donde estaba y cuando regresó para ver a Lázaro, éste ya estaba en la tumba ya cuatro días. Sin embargo, Jesús lo resucitó. Entonces, el Señor lo dejó que se enfermara, que se pusiera grave, y finalmente que muriera. Sumado a eso, permitió el dolor que llevó la persona enferma, y sus hermanas quienes lo vieron enfermarse y morir para luego hacer el milagro de la resurrección de Lázaro. Entonces, se puede definir que muchas cosas Dios las permite con un propósito en mente, ya sea para glorificarse o con otra finalidad.

En el libro "Llamados a servir" se trata del proceso de Dios para formar a un siervo. En ese libro aprendimos cómo Dios trabaja con las personas que él va a usar en una misión o en una obra especifica y enfatiza que, para poderlo usar, primero lo tiene que formar. No obstante, este es un proceso doloroso que incluye pasarlo muchas veces por el fuego de la prueba y por diferentes experiencias las cuales tienen la finalidad de hacer a la persona lo que él quiere. En el mismo libro se presenta el ejemplo de Jacob y cómo Dios lo convierte y lo transforma en Israel, es decir, en la nación de Israel. No obstante, para que esto se llevara a cabo, Jacob tuvo que pasar un proceso doloroso, andar huyendo y finalmente debió tener un encuentro personal con Dios el cual incluyó que Dios lo hiriera en una pierna y quedara cojo para toda la vida.[51]

Otro ejemplo que también trata el libro mencionado, es sobre José —a quien ya se mencionó anteriormente, por cuyo ejemplo se aprende que todo lo que le pasa al hijo de Dios es porque el Señor sencillamente lo permite. En el mismo libro, se enfatiza que José tuvo que pasar por un proceso muy difícil en su vida el cual se manifestó por las diferentes capas que usó durante el mismo. José usó cinco capas a lo largo de la vida que le había tocado vivir. La primera capa fue la de colores, la cual le hizo su padre y esta se refiere al favor de Dios sobre su vida. En esta etapa tenia sueños, visiones y gozaba del favor de Dios. No obstante, con el favor de Dios vendría una carga de problemas, la cual se mencionó arriba y esta era la envidia, los celos, y ser aborrecido por sus hermanos, lo cual terminaría siendo vendido a unos comerciantes. Luego tendría que vestir la capa de la esclavitud, en la cual serviría como esclavo bajo Potifar, y con la cual tendría terribles experiencias. Luego vestiría la capa de jefe o encargado. En esta etapa José recibiría un alivio, no obstante, también en esta tendría mucho dolor, porque sería acusado injustamente y terminaría en la cárcel. Seguidamente vestiría la capa de preso, en la cual estaría mucho tiempo en la cárcel olvidado y sufriendo las experiencias terribles de alguien preso injustamente.

Finalmente terminaría vistiendo la capa de gobernador, donde realmente Dios lo quería poner desde el principio. José llegó a ser el segundo hombre en Egipto, solamente después de Faraón y su vida sirvió para establecer los fundamentos del pueblo de Israel, quien tuvo sus orígenes en Egipto.[52]

Como se puede observar y aprender del ejemplo mencionado,

---

[51] Roberto Tinoco, *Llamados a servir: una guía bíblica para desarrollar el ministerio cristiano*, (Bloomington, IN: Westbow Press, 2020), 50-56.

[52] Roberto Tinoco, 57-61.

para poder llegar a ser el gobernador de Egipto y poner las bases de una nación, José tuvo que sufrir muchísimo, aunque al momento no sabía, ni entendía lo que estaba viviendo. Tal vez usted se encuentre sufriendo ahora algo que no entiende y no alcanza a discernir, pero una cosa debe de saber, y es que Dios todo lo tiene bajo control y si él lo ha permitido algo bueno va a salir de ese dolor que usted está experimentado.

Se concluye este capítulo resumiendo que el sufrimiento viene a la vida de muchas formas, por muchas causas y en el momento que no se lo espera. Por lo tanto, hay que estar preparados y advertidos para ello. El generador principal del sufrimiento humano es el diablo, sus artimañas y sus estrategias, siempre estarán inclinadas a sacudir al hombre. Pero, también el sufrimiento puede venir por causa del pecado que se comete por el mismo hombre, el cual causa mucho dolor, tristeza y sufrimiento.

De igual forma puede venir por causa de otras personas las cuales hacen daño a los demás por su irresponsabilidad, falta de cuidado y de amor. Asimismo, la gente sufre por sus malas decisiones que toma, las cuales resultan en dolor, angustia y en ocasiones trae serias consecuencias. Finalmente, la gente sufre porque Dios lo permite y así lo ha determinado.

En este último caso, aunque lo que se viva sea doloroso, al final va a ser de bendición y crecimiento para el que lo experimente. Entonces, no se debe culpar simplemente a Dios o los demás por lo que se sufre, ya que, en el mayor de los casos, el mismo hombre es el culpable de su miseria.

Capítulo 5

EL SUFRIMIENTO POR LAS PRUEBAS

Aconteció después de estas cosas, que probó Dios a Abraham, y le dijo:
Abraham. Y él respondió: Heme aquí. Y dijo: Toma ahora tu hijo,
tu único, Isaac, a quien amas, y vete a tierra de Moriah, y ofrécelo
allí en holocausto sobre uno de los montes que yo te diré.
Génesis 22. 1-2

En el capítulo anterior quedó establecido que el sufrimiento muchas veces es permitido por Dios para trabajar en las vidas de aquellos que se acercan a Él o que están dentro de sus planes. De hecho, no se puede negar que éstos van a experimentar procesos duros en sus vidas, no solo de formación, sino de propósito. Es por demás decir que enfrentarán duras luchas todos los días y experimentarán diversas pruebas de parte de Dios las cuales en ocasiones van a causar dolor y sufrimiento. No obstante, este dolor va a ser controlado por el Señor y tiene el propósito de mejorar lo que sus hijos llegarán a ser, aunque al momento no lo entiendan. Un elemento que Dios utiliza en estos procesos son la pruebas.

En este capítulo se comentará algunos casos en los que Dios utilizó este método para ver cómo permite que sucedan cosas en la vida del creyente con el solo hecho de probar ciertas áreas de la vida. Eso permite crecer y sacar lo mejor del individuo. Además, se estudiará las pruebas que Dios le dio a ciertos individuos en la historia Bíblica y qué es lo que se puede aprender de sus experiencias. Finalmente conoceremos la estructura de una prueba y el proceso que lleva una prueba enviada por Dios a las vidas de aquellos que están siendo pasados por ella, así como los resultados en la vida de los que las experimentan.

¿QUÉ SON LAS PRUEBAS DE DIOS?

Antes de entrar de lleno al tema en cuestión, es bueno que se defina lo que son las pruebas de Dios. Las pruebas son procesos a los cuales Dios somete deliberadamente a sus hijos para probar áreas de sus vidas y para hacerlos crecer o para tratar con ellos un área específica de sus vidas.

La palabra "prueba" viene de la palabra hebrea *"Nasáh"* y significa realmente ser probado, ser tentado, o intentar.[53] Por su parte el diccionario *Vine* provee un poco más de luz y agrega que una prueba es "ser sometido" o "poner a prueba" y usa la palabra griega *"Peira"* que se traduce como probar, poner a prueba y experimentar.[54] Curiosamente el *Diccionario bíblico Vila Escuain* traduce la misma prueba que Dios le puso a Abraham, no exactamente usando la palabra prueba, sino como una tentación.[55] En este último caso, se puede afirmar que esa es una

---

[53] James, Strong. Concordancia exhaustiva de la biblia, (Nashville, TN-Miami, FL: Editorial Caribe, 2002).

[54] W.E. Vine, *Diccionario expositivo de las palabras del Nuevo Testamento,* (Barcelona, España: Editorial CLIE, 1984).

[55] Vila Escuain, *Diccionario bíblico ilustrado,* (Barcelona España: Editorial CLIE, 1993).

opinión y traducción del escritor, pues la Biblia dice enfáticamente lo siguiente:

> "Bienaventurado el varón que soporta la tentación; porque cuando haya resistido la prueba, recibirá la corona de vida, que Dios ha prometido a los que le aman. Cuando alguno es tentado, no diga que es tentado de parte de Dios; porque Dios no puede ser tentado por el mal, ni él tienta a nadie; (Santiago I. 12-13).

Entonces, cuando Dios decide someter a alguien a un proceso como el que experimentó Abraham, usualmente las personas son probadas en áreas tales como la fidelidad, la fe, su compromiso con Dios, el amor que le tiene a Dios, entre otras cosas. Sin embargo, esos procesos serán duros y dolorosos. Se debe enfatizar, que cuando alguien le sirve a Dios o acepta seguirlo y servirle, por lo general él lo va a someter a pruebas para trabajar en su vida. Así que hay que saber que tarde o temprano Dios va a probar a sus hijos para hacerlos crecer espiritualmente. Por lo tanto, las pruebas son parte de la vida cristiana y se tienen que aceptar, aunque estas sean dolorosas, terribles y aun en contra de la voluntad propia. Ocasionalmente, el Señor hará o enviará cosas a la vida con el solo propósito de enseñar alguna lección o simplemente para que la fe de la persona crezca. No obstante, esas cosas a veces harán llorar y producirán dolor y sufrimiento.

Es necesario aclarar que no es lo mismo una prueba que una tentación, aunque a veces pareciera ser lo mismo y las dos producen dolor. Hay ocasiones donde las personas se confunden con lo que es una cosa y otra, no obstante, conviene que se aclare para que no haya confusión, especialmente cuando se encuentra atravesando una situación.

Para ahondar un poco sobre el tema, en el libro, *"La vida cristiana"* se enfatiza lo siguiente:

"Cuando Dios decide trabajar con una persona a fin de hacerla mejor, muy seguramente la va a probar, así como hizo con Abraham (Génesis 22.1). Y cuando el diablo quiere hacerle daño a una persona, seguramente la va a tentar, tal como hizo con David".[56] Entonces, la prueba viene de Dios, mientras que la tentación viene del diablo. De esto último citando a Alfred Kuen dije que, *"la tentación es una atracción hacia lo prohibido, un movimiento interior que incita al hombre al mal."*[57]

Además, la tentación tiene la finalidad de llevar al individuo a la destrucción de sí mismo y que fracase en su vida, en sus planes y en todo aquello que Dios tenga para él. Por su parte, las pruebas enviadas por Dios, no solo van a producir un crecimiento en el individuo, sino que lo harán una mejor persona. No obstante, toda prueba vendrá por lo general acompañada de dolor y sufrimiento.

EL CASO DE ABRAHAM

La biblia registra la historia del patriarca Abraham,[58] la cual es una de las historias más hermosas, pero también una muy bien conocida por la mayoría, por su significado y su importancia para el pueblo de Israel y para todo creyente. Además, la figura de Abraham es un ejemplo poderoso de lo que Dios puede hacer con una persona a la cual él llama para una labor especifica y lo lleva por un proceso especifico, ya que ha de depositar sobre sus hombros mucha bendición, y al mismo tiempo mucha responsabilidad también. Imagínese usted por

---

[56] Roberto Tinoco, *La vida cristiana: una guía bíblica para nuevos convertidos*, (Bloomington, IN: WestBow Press, 2016) 28.

[57] Roberto Tinoco, 36.

[58] A Abraham se le menciona muchas veces como "Patriarca" (ejp. Heb. 7.4) para hacer énfasis a su papel en el establecimiento y las raíces de la nación de Israel.

un momento la escena. Este hombre había dejado todo al oír la voz de Dios que lo había sacado de su tierra natal y de su parentela. Dios le había hecho una promesa de bendecirlo, prosperarlo y levantar de él una descendencia. El texto dice así:

> "Pero Jehová había dicho a Abram: Vete de tu tierra y de tu parentela, y de la casa de tu padre, a la tierra que te mostraré. Y haré de ti una nación grande, y te bendeciré, y engrandeceré tu nombre, y serás bendición. Bendeciré a los que te bendijeren, y a los que te maldijeren maldeciré; y serán benditas en ti todas las familias de la tierra". (Génesis 12. 1-3).

Así que, imagínese por un momento las promesas de Dios para una persona mortal, con flaquezas y debilidades semejantes a las de los demás, pero que Dios decidió llamarlo, bendecirlo y ponerlo en la cúspide de los propósitos de Dios para un ser humano. Las palabras de Dios estaban cargadas de contenido espiritual, grandeza, riqueza y un legado extraordinario no solo para él sino para toda su familia y descendencia, traspasando esta bendición a toda la humanidad. No obstante, eso no lo recibiría así de fácil, el debería pasar por un duro proceso.

Abraham, quien era oriundo de Ur de los caldeos, mejor conocido en nuestro tiempo como Irak, abandonó todo lo que tenía, su trabajo y su familia, sus posiciones y aspiraciones al ser llamado por Dios para salir a un lugar donde ni siquiera se imaginaba.

El texto bíblico dice sencillamente que salió por pura fe a la tierra que Dios le había prometido por herencia, y se fue sin saber a dónde iba. Además, vivió en esa tierra con sus hijos una vez que llegó allá morando en tiendas o carpas (Hebreos 11. 8-9). Lo más extraordinario de todo esto es que este hombre se ganó su posición a base de la fe en el Dios invisible y porque estuvo dispuesto a obedecerle aun en contra de lo que él podía mirar o entender.

Hoy por hoy Abraham es recordado y honrado por todo el mundo, pero especialmente en Jerusalén. La analista de la BBC, Erica Chernofsky, explica por qué esta ciudad es tan importante para las tres religiones que remontan sus orígenes a la figura bíblica de Abraham. Ella señala, que Jerusalén es un nombre que resuena por igual en el corazón de cristianos, judíos y musulmanes y que hace eco a través de siglos de historia compartida y disputada.[59]

En el libro *"Llamados a servir"* se dice de este gran hombre lo siguiente:

> "Abraham obedeció a Dios y se fue a la tierra que Dios le dio y vino a ser el patriarca de Israel y el padre en la fe de multitudes. Todavía hasta el día de hoy, Abraham es recordado, honrado y venerado como un gran hombre de Dios, pero sobre todo en Jerusalén".[60]

La palabra de bendición que Dios había prometido a Abraham se iría cumpliendo poco a poco en su vida. De hecho, después de un tiempo de caminar en la voluntad de Dios, la Biblia dice que este hombre subió de Egipto a donde había descendido por causa de un hambre de aquel tiempo y se venía de regreso muy bendecido. La Biblia afirma que, "... Abram era riquísimo en ganado, en plata y en oro" (Génesis 13.2). En otras palabras, las promesas que Dios le había dado a este gran hombre de Dios se estaban cumpliendo al pie de la letra.

Es por demás mencionar que todo se estaba preparando para que él llegara a poseer todas las bendiciones que Dios le estaba dando. No

---

[59] Erica Shernofsky, "bajo Abraham y Jerusalén". https://www.bbc.com/mundo/noticias/2014/11/141118_israel_jerusalen_ciudad_sagrada_men. Consultado el 21 de abril, 2022.

[60] Roberto Tinoco, *Llamados a servir: una guía bíblica para desarrollar el ministerio Cristiano.* (Bloomington, IN: WestBow Press, 2021) 4.

obstante, Abraham no tenía todavía un hijo para que las promesas del Señor finalmente se cumplieran. El texto bíblico cuenta cómo el patriarca le preguntó a Dios sobre las promesas que le había hecho, pero ¿por qué no le había dado descendencia todavía? Después de esto la Biblia relata el testimonio de cómo Abraham recibió milagrosamente a su hijo Isaac, ya que Sara la esposa del patriarca, no solo era mayor de edad sino estéril —aunque no es el tema de este capítulo, no obstante Dios se glorificó dándole descendencia a este hombre.

Así que, considere, Dios le dio a Abraham un hijo en su vejez y del cual se habría de levantar la nación que Dios le había prometido a Abraham. ¿Y qué sucedió? ¿Por qué esta historia es relevante al tema en cuestión? Bueno, sencillamente porque vino el día en que Dios probó a Abraham de la manera que él no se lo esperaba.

Aunque todo parecía marchar de maravilla con Abraham y con su relación con Dios, lo cierto es que faltaba la cereza al pastel, y esta es la famosa prueba de Abraham. En la historia bíblica se relata cómo Dios probó al patriarca Abraham pidiéndole a su único hijo —el que le había dado en su vejez y de quien había prometido levantarle una gran descendencia— para que lo ofreciera como sacrificio a Él.

(Génesis 22.1-2). A veces las personas no entienden la envergadura de este asunto, pues se lee muy de pasada el texto bíblico, no obstante, es una prueba muy dolorosa. Lo que Dios le estaba pidiendo a Abraham no tenía precedentes en la historia bíblica y mucho menos tenía lógica que Dios le pidiera tal sacrificio a su siervo.

En primer lugar, le estaba pidiendo que le entregara a su hijo, su único. Para este entonces, se debe saber que Isaac era el hijo amado de Abraham, el esperado por muchos años y el que Sara —esposa de Abraham, había concebido en su vejez por obra milagrosa de Dios, siendo estéril y casi de cien años. Y había perdido la costumbre de las mujeres, es decir, ya, físicamente no podía, pues su cuerpo no reproducía más. Pero, no hay nada imposible para Dios y Sara tuvo a su hijo Isaac. No obstante, Dios se lo está pidiendo para que se lo entregue.

En segundo lugar, hay que considerar la forma o el para qué se lo está pidiendo. La orden era específica, "… Toma ahora tu hijo, tu único, Isaac, a quien amas, y vete a tierra de Moriah, y ofrécelo allí en holocausto sobre uno de los montes que yo te diré. (Génesis 22. 2).

En otras palabras, Dios le estaba pidiendo a Abraham que ofreciera a su hijo Isaac en una ofrenda sobre un altar en uno de los montes. Las ofrendas de esta clase, usualmente eran corderos u ovejas, las cuales eran degolladas y ofrecidas a Dios, luego eran depositadas sobre la leña, la cual estaba puesta sobre un altar de piedras y se quemaban para que subiera el humo y el olor de la grosura de la carne ante el Señor. Entonces, la prueba era muy difícil. Abraham tenía que tomar a su hijo, ponerlo sobre leña, degollarlo con un cuchillo y luego encenderlo para que se quemara. Esta no era una prueba común y mucho menos sencilla. Seguramente estaba desgarrando el corazón de este padre, al haber recibido este mandato del Señor.

Finalmente, este caso llama la atención, porque esta no era la forma tradicional de Dios de pedir las ofrendas. Es decir, a Dios se le ofrendaba animales, frutas y legumbres, panes diversos, pero no seres humanos.

La prueba de Dios a Abraham rompe todos los estándares habidos y por haber y pone en una encrucijada muy dolora a este hombre tras habérsele pedido su hijo en sacrificio. No obstante, se debe enfatizar que las pruebas que Dios le manda a sus hijos, muchas veces traen dolor y quebranto. Hacen sufrir a la persona y lo hacen hasta llorar, pero al final van producen mucha bendición. Ese precisamente es el enfoque de este capítulo.

La persona no entiende por qué Dios lo está pasando por ese proceso doloroso, sin embargo, ese es el estándar de Dios. El libro a los hebreos dice algo de esto: "… Hijo mío, no menosprecies la disciplina del Señor, ni desmayes cuando eres reprendido por él;

Porque el Señor al que ama, disciplina y azota a todo el que recibe por hijo" (Hebreos 12. 5-6).

Esto tal vez sea muy duro, pero en realidad toca una parte muy importante del proceso que viene de Dios, lo que quiere decir: "aunque te duela, te va a hacer bien". Esto lleva a pensar en el padre amoroso que corrige a su hijo, aunque le duela hacerlo, pero al final de la historia. Ese hijo que lloró por la corrección da gracias al padre, porque le hizo mucho bien.

La historia de Abraham terminó en bendición de muchas maneras.

Primero, porque Abraham no rehusó negarle su hijo amado a Dios, aunque este era su único y quien a través de él Dios le iba a levantar descendencia. Lo increíble del caso es que justamente antes de degollar a su hijo, el ángel de Dios le gritó desde el cielo para detenerlo, que no le hiciera daño (Génesis 22.12). Dios lo recompensó enviando un cordero en su lugar, el cual Abraham encontró entre las zarzas (Génesis 22.13) el cual sustituyó a su hijo.

Segundo, porque Abraham tuvo fe para ofrecer a su hijo, creyendo que si Dios se lo había dado y le había prometido una descendencia de su simiente —Isaac, entonces Dios se lo iba a resucitar cuando lo ofreciera.

Finalmente, esta historia enseña que, si alguien quiere ser grande o tiene aspiraciones de ser un verdadero siervo de Dios, debe de estar dispuesto a sacrificar aun lo que más ame su corazón. Considere todo lo que pasó este hombre en esta experiencia. ¿Qué pudo haber pasado por su mente? Él había entendido que esa prueba era dolorosa, pero tenía un propósito que venía de Dios. Por todo lo anterior, Abraham fue hecho el Padre de la Fe de multitudes.

EL CASO DE LOS DISCÍPULOS DE JESÚS

Cuando se habla de las pruebas es ineludible mencionar a los seguidores de Jesús, a quienes el Maestro pasaría por una escuela estricta de discipulado. Dicha escuela sería rigurosa e incluiría como asignatura principal, las pruebas. Los discípulos de Jesús, fueron aquellos hombres que Jesús llamó para que estuvieran con él y para que fueran preparados para llegar a ser los famosos Apóstoles del Señor. Sin embargo, ese título no caería del cielo en una canasta con globos y arreglitos. Ese título, les costaría, trabajo, sudor, y muchas lágrimas.

En el libro, "Llamados a servir" se habla sobre "La escuela de Jesús" a la cual el Señor sometió a estos discípulos a una formación estricta de sus vidas. Estos hombres —como es bien conocido por la mayoría, eran hombres comunes y corrientes, con muchos defectos y carencias. Sin embargo, fueron llamados por el Maestro para enseñarlos, educarlos y formarlos, para la misión a la cual los estaba llamando.[61]

El ejemplo de los apóstoles es fundamental para ilustrar el proceso y la forma en que Dios trabaja con y en aquellos a quienes va a usar, y delegar para continuar el trabajo.

En su libro, *"Doce hombres comunes y corrientes"* John MacArthur hace una excelente exposición de lo que eran estos hombres que Jesús estaba llamando y el trabajo que el Señor tuvo que hacer en ellos. MacArthur describe las características que tenían estos discípulos que Jesús escogió y afirma que carecían de entendimiento espiritual, lentos para aprender; no eran humildes, carecían de fe, de compromiso y les faltaba poder.[62] A continuación, considere las razones mencionadas, que tuvo Jesús para pasarlos por un estricto proceso de formación el cual incluía las pruebas.

En primer lugar, carecían de entendimiento espiritual. La gran mayoría de los discípulos eran lentos para oír y lentos para aprender (Mateo 15: 16-17; 16:19). Jesús tuvo que repetirles muchas veces las mismas cosas, pues no aprendían. Por ejemplo, a Felipe, le recrimina por no

---

[61] Roberto Tinoco, *Llamados a servir: una guía bíblica para desarrollar el ministerio Cristiano.* (Bloomington, IN: WestBow Press, 2021) 71.

[62] John MacArthur, *Doce hombres comunes y Corrientes*, Nashville, TN: Editorial Caribe, 2004) 33-34.

conocerlo, "… ¿Tanto tiempo hace que estoy con vosotros, y no me has conocido, Felipe? El que me ha visto a mí, ha visto al Padre; ¿cómo, pues, dices tú: Muéstranos el Padre?" (Juan 14. 9). Pero no solo Felipe andaba batallando con esto, de hecho, Jesús tiene que confrontarlos sobre quien era él, por eso hasta les tuvo que preguntar; "¿Quién dicen los hombres que es el Hijo del Hombre?" (Mateo 16.13) y ellos contestaron lo que usted menos se imagina. "…Unos, Juan el Bautista; otros, Elías; y otros, Jeremías, o alguno de los profetas". (Mateo 16.14).

Hasta ese momento, no sabían quién era Jesús. Eso sí que no puede sucederle a alguien que quiera llegar lejos; es indispensable que conozca a Jesús. Tanta era la ignorancia espiritual que tenían que Jesús tuvo que ir explicando las cosas después de sus largas jornadas de trabajo. Un ejemplo claro de esto fue cuando Jesús enseñaba sobre la parábola del sembrador. Jesús se la tuvo que explicar después porque ni ellos siendo sus discípulos la habían entendido (Mateo 13. 18-23).

Además, pensaban solo en sí mismos. Aparte de lo presentado aquí, los discípulos del Señor eran personas que se preocupaban solo por sí mismos; por sus propios intereses, y además, eran muy aprovechados de la posición que tenían al andar con Jesús. En una ocasión el Señor les tuvo que reprender pues aún no se iba de regreso al cielo, y ya estaban discutiendo quién de ellos sería el mayor (Marcos 9.33-37). En otra ocasión dos de ellos —Santiago y Juan— persuadieron a la madre de éstos para que hablara con Jesús y le pidiera que en el reino venidero se sentara uno de ellos a la derecha y otro a la izquierda (Mateo 20.20-24). Estos ejemplos enseñan que muchas veces se es tentado a usurpar la posición que no se nos ha dado y mucho menos exigir algo que no nos corresponde.

También, carecían de Fe. Por si fuera poco, los discípulos de Jesús batallaban mucho con el asunto de la fe. Solamente en el evangelio de Mateo, Jesús les dice cuatro veces "hombres de poca fe" y en Marcos les reclama por no tener fe (Marcos 4:40). La fe es un asunto indispensable para todo aquel que sigue y sirve a Dios. Sin ella, Uno no puede ir a ninguna parte, y más cuando todo lo que predicamos depende precisamente de la fe. Predicamos a un Dios que no vemos, esperamos a un Cristo que no sabemos cuándo va a regresar, y vamos a una ciudad que no hemos visto. Aun para recibir un milagro, se necesita la fe. Este fue el sello de la predicación de Cristo y la llave para recibir cualquier don de parte de Dios, sin embargo, muchos de estos discípulos eran incrédulos.

Finalmente, carecían de compromiso. Agregando a lo que ya se ha dicho, los discípulos de Cristo carecían de compromiso. Mientras las multitudes estaban alborotadas por la aprehensión de Jesús, ellos salieron corriendo y lo abandonaron. El apóstol Pedro, quien era el líder del grupo terminó negando a su maestro, aun cuando éste ya se lo había advertido.

La falta de compromiso es una de las grietas en la vida del siervo de Dios. Es el compromiso el que nos ayuda a caminar la milla extra, a ir en contra de la corriente para hacer lo que tenemos que hacer. Esta fue una de las cosas que los pupilos de Cristo tuvieron que aprender a duras penas. Ellos tuvieron que pasar por un estricto proceso de formación que incluía probarlos continuamente, aunque esto les causara mucho dolor en sus vidas.

Entonces, el discipulado es la escuela superior de los verdaderos siervos de Dios. En esta etapa se conocen las personas que siguen a Jesús por amor o por conveniencia, por el reino de Dios o por beneficio propio.[63] Como se dice en algunos lugares; "En las buenas y en las malas" "Cuando hay y cuando no hay". Hubo muchos que pasaron la prueba, pero otros se quedaron en el camino y revelaron lo que verdaderamente eran. Entonces, en muchas ocasiones el dolor y el sufrimiento va a ser inherente al llamado del Señor. Hay que entender que Dios todo lo sabe y todo lo controla, aun el dolor y el sufrimiento. Por lo tanto, no hay que desesperarse, pues si él lo permite, él sabe

---

[63] Roberto Tinoco, 74.

por qué lo hace. Por otro lado, todo el que quiera seguir a Jesucristo debe saber que el camino no será fácil y que incluirá muchas etapas de dolor y quebranto.

APRENDIENDO DE LAS PRUEBAS

En otro libro por el autor titulado, *La vida cristiana* se trata sobre las pruebas de una manera objetiva.[64] En el mismo se enfatiza que las pruebas que Dios le da a sus hijos tienen un propósito y un objetivo. Las pruebas son el estándar de Dios para que aquellos que se acercan a él para seguirle, crezcan y aprendan diversas situaciones indispensables, tanto para su crecimiento, como para su ministerio. Allí se presenta un estudio minucioso sobre Mateo 14.22-33 en el cual se encuentra un ejemplo de cómo Jesús probó a sus discípulos y los llevó por un proceso duro al permitir que enfrentaran un fuerte viento contrario en el mar de Galilea.

Los discípulos venían de ver un milagro muy grande: la multiplicación de los panes y los peces y la alimentación de los cinco mil (Mateo 14.13-21). Además, ya habían tenido una experiencia similar cuando atravesaban el mismo mar y una tempestad los sorprendió con olas que cubrían la barca. En aquella ocasión, sin embargo, Jesús iba con ellos, durmiendo tranquilamente en la popa de la embarcación (Mateo 8.23-27), pero en esta otra, se encuentran solos.

La historia bíblica dice que Jesús hizo entrar a sus discípulos a una barca y los encaminó para que se fueran a la otra rivera, mientras él iba a orar. Así que ellos se embarcaron, pero enseguida la barca estaba siendo azotada por las olas, ya que un viento les era contrario y estaban batallando mucho y pensaban que habrían de perecer. No obstante, Jesús vino a ellos hasta la cuarta vigilia de la noche, pero en esta ocasión vino caminando sobre las aguas y reprendió a los vientos

---

[64] Roberto Tinoco, *La vida cristiana: una guía bíblica para nuevos convertidos,* (WestBow press, Bloomington, IN. 2016), 32-35.

y todo se calmó. (lea toda la historia en Mt. 14. 22-32, Mr. 6. 45-52 y Jn. 6. 15-21) Con angustia los discípulos aprendieron la lección.

En la experiencia que tuvieron los discípulos se puede encontrar bien marcado el proceso que lleva una prueba enviada por Dios y por medio de la cual se puede aprender una gran lección para la vida. En la misma se encuentra una estructura de cómo Dios diseña las pruebas —por medio de fases, a las que ha de someter a las personas y los resultados de lo que pueden hacer en la vida de quienes las pasan.

Primera fase. La prueba es iniciada por Jesús. Se puede observar que después de un agotador día de trabajo el Señor Jesús, deliberadamente, envía a sus discípulos al otro lado del mar en una barca mientras Él despide a la multitud y sube al monte a orar. Aquí está la primera fase de la prueba. Jesús deliberadamente los envía al mar a donde van a ser probados.

Segunda fase. Los discípulos entran en la prueba. Se puede apreciar que apenas cae la noche, la barca es azotada por grandes olas producidas por un fuerte viento contrario. Mientras tanto el Señor está orando. Ni bien Jesús subió al monte a orar, los discípulos comenzaron a batallar contra el viento. Esta fase claramente indica los detalles de la prueba. Viento contrario, olas elevadas, mucho remar sin avanzar y el escenario de la prueba sin la compañía física de Jesús.

Tercera fase. La duración de la prueba. El tercer elemento de la prueba, tiene que ver con la duración de esta. En esta experiencia se puede notar varias cosas: Primero, ellos luchaban por tratar de avanzar, pero no podían. El lago tiene unos 12 Km de ancho —siete millas y media, en la parte más ancha y desde la tarde que ellos habían salido, no habían logrado avanzar más que unos 6 Km —menos de cuatro millas. Segundo, Jesús les estaba observando desde el monte. Marcos 6.48 dice que Jesús veía desde el monte cómo remaban con gran fatiga, porque el viento les era contrario. Tercero, la historia dice que Jesús vino a ayudarles recién a la cuarta vigilia de la noche.[65] En esta última vigilia fue que Jesús llegó para ayudarles. En esta fase, el enfoque de la prueba tiene que ver con el tiempo. Los Apóstoles estuvieron luchando durante ocho horas o más, desde que Jesús comenzó a orar. Jesús lo supo, pero no descendió a ayudarlos sino hasta entre las tres o seis de la mañana. El tiempo es muy significativo y además se debe analizar, pues no es lo mismo estar colgando de un hilo ante un precipicio a punto de caer que estar aguantando un dolor por varios días o tal vez meses.

Cuarta fase. La resolución de la prueba. En la etapa final de la prueba, se encuentra la resolución de esta con los resultados de la prueba, los cuales en esta ocasión fueron muy provechosos. Por lo general, las pruebas realizadas de una manera estructurada por Dios y debidamente manejadas por los que son probados van a resultar en crecimiento, aprendizaje y madurez espiritual.

El aprendizaje de la resolución de la prueba enviada por Jesús a sus discípulos es lo siguiente.

Primeramente, Jesús vino a ellos caminando sobre el mar. (Vv. 25) Cuando los discípulos ya no pudieron más, Jesús vino a ellos caminando sobre las aguas.

En segundo lugar. Los discípulos tuvieron miedo, pero Jesús les dio ánimo. "Y los discípulos, viéndole andar sobre el mar, se turbaron, diciendo: ¡Un fantasma! Y dieron voces de miedo. Pero enseguida Jesús les habló, diciendo: ¡Tened ánimo; yo soy, ¡no temáis!" (Vv. 26-27) Esto indica que hay ocasiones en que el miedo ataca, pero allí está el Señor para decirle a los probados: "Tengan ánimo, Yo soy, no tengan miedo."

El tercer elemento de la resolución es uno de los más poderosos, ya que fue precisamente en el clímax de la prueba cuando los discípulos

---

[65] La noche judía se dividía en ese entonces en cuatro vigilias. La primera era de 6 a 9, la segunda de 9 a 12, la tercera de 12 a 3 am y la cuarta, de 3 a 6 am.

experimentaron la gloria de Dios de una manera nunca vista en la historia bíblica.

El apóstol Pedro caminó sobre las aguas. Es conocido que este es uno de los más grandes milagros que un hombre mortal haya experimentado. A la orden de Jesús el hombre puede caminar sobre las aguas y aunque al apóstol Pedro le faltó fe y comenzó a hundirse, Cristo finalmente lo rescató (Vv. 28-31). En este punto es importante resaltar que, es precisamente en medio de la prueba y del dolor, donde se puede ver y experimentar la gloria y el poder de Dios.

Finalmente, al terminar el proceso de la prueba, la fe de los discípulos y su admiración por el Maestro crecieron ese día de una manera extraordinaria. "…ellos se asombraron en gran manera, y se maravillaban" (Marcos 6.51). Entonces, aunque sufrieron y pensaron que perecerían ahogados, al final pudieron experimentar un crecimiento en sus vidas y pudieron ver la gloria de Dios.

Se concluye este capítulo resaltando lo siguiente. La prueba, — aunque sea dolorosa, es necesaria para crecer, para ser formado y para ser preparado para la misión de Dios durante la vida. Para Abraham fue necesaria para hacer de él un padre espiritual y físico de una familia y una nación. Además, fue llamado el padre de la fe para tres religiones mundiales: el judaísmo, el cristianismo y el islam.

Por otro lado, para los discípulos de Jesús, el ejemplo del viaje en la barca en medio de la tormenta enseña cómo es que Dios prueba a los que va a usar. Todo siervo de Dios indefectiblemente tendrá que cruzar el mar, aunque este sea tormentoso. Él prueba fuertemente, sin embargo, así es como se templa el cristiano: en la dificultad, en la tormenta. Allí es donde se conoce de qué material está hecho. Por lo tanto, el hijo de Dios debe mantener siempre presente que su crecimiento incluye el ser probado, tal y como fueron probados los siervos del Señor en varias ocasiones. Sin embargo, Jesús no lo dejará allí para siempre. Él no lo dejará solo, sino todo lo contrario: caminará con él acompañándolo a través del proceso. Jesús lo probará, pero también vendrá a socorrerlo en el momento en que lo necesite. Cuando sus fuerzas ya estén acabándose, el Señor se aparecerá caminando sobre el mar, su mar, su problema, caminando sobre su dificultad para que crea en Él y para que su fe en Él sea aumentada. Pero, sobre todo, para que vea la gloria y el poder de Dios.

En otras palabras, es en esta dimensión donde suceden los milagros y donde Dios mueve su mano de poder. La historia bíblica lo registra una y otra vez. Basta leer el capítulo once del libro de Hebreos, para ver la cantidad de historias allí relatadas en cuanto a la fe. Allí puede ver todos los ejemplos en los que Dios vino a ayudar a sus siervos cuando más lo necesitaban y pudieron ver en ese preciso momento la gloria y el poder de Dios.

Capítulo 6

EL SUFRIMIENTO POR
SEGUIR A CRISTO

*Y seréis aborrecidos de todos por causa de mi nombre; más
el que persevere hasta el fin, este será salvo.*
Mateo 10. 22.

Como se ha visto hasta ahora en los capítulos anteriores, las fuentes del dolor humano son varias y se pudiera decir, incontables. No obstante, en esta obra solo se ha considerado lo más elemental, dejando de lado las investigaciones científicas, psicológicas y sociales entre otras disciplinas acerca del drama humano.

Sin embargo, se debe decir que el sufrimiento también va a venir por causa de seguir y servir a Cristo. En otras palabras, muchas veces el discípulo va a experimentar dolor y mucho sufrimiento por el solo hecho ser cristiano y más específicamente, por servir a Cristo. Por lo tanto, en este capítulo haremos énfasis al sufrimiento que vivieron aquellos que siguieron a Cristo cuando anduvo por esta tierra, se refiere a los hermanos de la iglesia de los primeros siglos, pero también los cristianos de hoy en día.

LAS ADVERTENCIAS DE JESÚS

Se debe decir entonces, que a veces el sufrimiento es algo totalmente inherente al llamado de Dios. Pero, ¿Qué quiere decir esto? ¿Qué significa? En realidad, lo que quiso decir el Señor Jesucristo es que muchas veces el llamado de Dios para aquellos que él quiere usar en su obra, en un ministerio, o sencillamente por el solo hecho de ser cristianos, indefectiblemente va a requerir ser pasado y probado por el sufrimiento. Eso fue precisamente lo que Jesús les advirtió a sus discípulos —y ya hemos hablado un poco de quienes llegarían a ser sus apóstoles,[66] cuando los llamó y los preparó para lo que había de venir. Entre los muchos textos bíblicos que hay, se hará referencia a las enseñanzas previas a su partida.

> "Pero antes de todas estas cosas os echarán mano, y os perseguirán, y os entregarán a las sinagogas y a las cárceles, y seréis llevados ante reyes y ante gobernadores por causa de mi nombre. Y esto os será ocasión para dar testimonio". (Lucas 21. 12-13).

Solamente en este pasaje, Lucas menciona de pasada y en forma ascendente lo que Jesús les advierte a sus discípulos acerca de lo que les vendría arriba. Primero les van a echar mano; —esto es, los van a tomar por la fuerza, para tratar de pararlos y que no prediquen. Luego, van a ser perseguidos, —esto es, ir detrás de alguien; a donde vayan, los van a buscar para hacerles daño. En seguida, iban a ser entregados a las sinagogas.

La sinagoga era una especie de pequeño templo comunitario distribuido por las ciudades y pueblos. Dichas sinagogas tenían un líder y un cuerpo de directivos, los cuales se encargaban de los asuntos

---

[66] Discípulo significa seguidor, alumno. "Aquel que sigue a un maestro o profeta". Mientras que Apóstol significa enviado. Del gr. *Apostelo*, que significa enviar en pos de sí, según el Diccionario Bíblico ilustrado.

religiosos de los judíos, pero a veces señalaban a las personas que no andaban de acuerdo con la ley, los juzgaban y si el caso ameritaba, los entregaban a las autoridades romanas.[67] Además, les advierte el Señor, que serían llevados ante reyes y gobernadores por causa del nombre de Jesús.

Por reyes y gobernadores, se debe entender, que, en el tiempo de Cristo, la región de Judea, Samaria y los alrededores, aparte de tener un rey, como era el caso de Herodes, también por encima del rey, estaba el gobernador romano, quien en el tiempo de Cristo era Pilatos. Como esta era una tierra controlada y gobernada por Roma, los reos de muerte tenían que ser llevados al gobernador romano. Eso fue precisamente lo que pasó con Cristo y la mayoría de sus apóstoles. Esto significa, que la persecución no iba a detenerse solamente con la inconformidad de las personas y con el desacuerdo con la doctrina de los apóstoles. La oposición iba a ser llevada a todos los niveles posibles con el solo hecho de detener a los discípulos y hacerles mal. Además, enfatiza el Maestro:

"Entonces os entregarán a tribulación, y os matarán, y seréis aborrecidos de todas las gentes por causa de mi nombre. Muchos tropezarán entonces, y se entregarán unos a otros, y unos a otros se aborrecerán". (Mateo 24. 9-10).

---

[67] Diccionario enciclopédico de biblia y teología, Biblia Work. Sinagoga (heb. *môêd*, "lugar de reunión" [Salmo 74:8, única vez]; gr. sunagogue, "lugar de asamblea, "congregación [asamblea]"). Lugar judío de adoración presidido por una comisión local de ancianos. Se cree que la sinagoga surgió durante el exilio babilónico, cuando el templo de Jerusalén estaba en ruinas. La tradición le atribuye su fundación al profeta Ezequiel. Algún tiempo después del regreso del cautiverio se establecieron en las ciudades de Judea, en Alejandría. Antioquía de Siria, Roma y prácticamente en cada ciudad importante del Imperio Romano (Hechos 15:21). https://www.biblia.work/diccionarios/sinagoga/ Consultado el 7 de abril, 2022.

Mateo por su parte registra que Jesús les dijo adicionalmente, que sus seguidores iban a ser entregados a tribulación e iban a padecer mucho por su nombre. Sumado a lo anterior, los discípulos del Señor deberían cargar con un estigma, que causaría en ellos al ser aborrecidos por la gente y por lo tanto no todos soportarían esta carga y terminarían traicionando y entregando a sus compañeros y creando enemistad entre ellos.

Claramente se observa que lo que les esperaba a los seguidores de Jesús no eran aplausos, abrazos y mucho menos, fiesta y celebración, sino todo lo contrario. La gente los iba a perseguir, a traicionar, a meter en la cárcel, además iban a ser aborrecidos por todos y lo peor es que iban a morir. Ahora, usted se pregunta, ¿acaso no eran los escogidos? ¿acaso no tenían la protección del Señor? ¿No eran estos los privilegiados? ¿Los que vieron tantos milagros? ¡Claro, que sí! No obstante, su llamado requería que ellos pasaran por esa clase de situaciones para que la obra del Señor se llevara a cabo. El sufrimiento de ellos vendría a sus vidas de muchas maneras y todas en relación con lo que ellos eran y lo que predicaban. Es decir, sufrirían mucho por ser cristianos y por el mensaje que iban a predicar.

La advertencia de Jesús a sus discípulos es que en el mundo tendrían aflicción. El mundo en el cual vivían no solo era precursor de dolor, sino que se había volcado contra los seguidores de Cristo. Pero la aflicción iba a estar presente en los seguidores de Jesús de todos los tiempos. La aflicción es una condición de dolor que llevan los seres humanos y puede venir de muchas maneras. En el caso de los seguidores de Jesús, esta vendría sencillamente porque el mundo no aceptaría tan fácil el evangelio del Señor. Aunque hablaremos de esto más adelante conviene decir por ahora que aquellos que tomaban la decisión de seguir a Cristo estaban literalmente firmando un contrato con el dolor, la persecución y la aflicción tanto física, como de espíritu y en el peor de los casos, con la muerte. Solamente considérese en breve las advertencias de Cristo mencionadas arriba a sus seguidores sobre este tema en particular, eran terribles.

Finalmente, Cristo expresó que sus seguidores tendrían enemigos por causa del evangelio, por causa de su nombre y que muchas veces los enemigos del hombre serán los de su propia casa, (Mateo10: 37-39). A Pedro le dijo enfáticamente que Satanás se lo había pedido para zarandearlo (Lucas 22. 31-32) es decir para darle una buena sacudida; no obstante, le promete que ha orado para que no le falte la fe. Entonces Cristo deja muy claro que la vida del creyente no va a ser fácil y que el seguidor de Cristo va a tener que sufrir mucho por él y su obra. Es importante recalcar que ninguno de los seguidores de Cristo ignoraba lo que les esperaba, Jesús se los había puesto bien claro.

LA PERSECUCIÓN DE LOS CRISTIANOS

Entonces, reiterando lo ya dicho, Cristo había enfatizado una y otra vez, que la Iglesia sería perseguida y que a los cristianos les echarían mano, los perseguirían y serían entregados a las sinagogas, (Lucas 21.12). Por lo tanto, esas palabras se convirtieron en una constante de aquellos primeros cristianos, los cuales fueron perseguidos, arrastrados, encarcelados y hasta apedreados —como Esteban— solamente por el hecho de ser cristianos. Hablar de la persecución a la iglesia tomaría no solo un solo libro, sino muchos, para mencionar los registros bíblicos e históricos al respecto, pero baste por ahora decir que esa gente sufrió verdaderamente muchísimo sin deber nada y sin causa alguna, más que la de ser cristianos.

La historia de persecución de la iglesia se ha extendido prácticamente desde el primer día en que la iglesia fue establecida por Cristo. La primera persecución que tuvieron los discípulos de Jesús fue por medio de los judíos. La razón era sencilla, especialmente para aquellos que no entienden esta dinámica y se preguntan, ¿Cómo es que los judíos persiguieron a los cristianos? Y ¿Por qué los perseguían? La persecución de los cristianos comenzó prácticamente desde que Cristo comenzó a predicar un evangelio que incomodaba a los religiosos de su época. Los judíos no estaban de acuerdo con las enseñanzas del Maestro y mucho menos con la posición que tenía como líder. Él era el Mesías y ellos no lo aceptaron, sino por el contrario se dedicaron a perseguirlo hasta que lo llevaron al calvario. Entonces, si al Maestro lo persiguieron y lo crucificaron, ¿qué cree que le va a pasar a los seguidores de Jesús? Ellos también serán perseguidos. De hecho, cuando Jesús ascendió a los cielos y sus apóstoles se quedan con el trabajo, los religiosos que atacaron a Jesús se volcaron contra ellos.

La Biblia registra cómo se llevó a cabo la primera persecución contra los apóstoles, por parte del sumo sacerdote y los saduceos —quienes eran lideres de los judíos— y cómo fueron puestos en la cárcel, sencillamente porque se llenaron de celos al ver que Dios los estaba usando grandemente, haciendo maravillas y prodigios en el pueblo (Hechos 5. 17-18).

No obstante, ese sería solo el comienzo, después vendría el arresto y la muerte de Esteban, a quien matarían a pedradas por causa de su predicación (Hechos 6. 8-7.1-14). Luego se registra a partir de la muerte de Esteban una gran persecución y todos fueron esparcidos (Hechos 8. 1-2). Uno de los grandes perseguidores de la Iglesia fue precisamente el apóstol Pablo antes de convertirse al Señor. Este había recibido cartas de los principales sacerdotes para ir casa por casa buscando a los cristianos para entregarlos a las autoridades y fueran puestos en la cárcel (Hechos 8.3). Pablo los persiguió duramente hasta que Jesús le salió al encuentro en su viaje a Damasco y allí tuvo un encuentro personal con Cristo el cual lo cambiaria drásticamente (Hechos 9). Aunque su historia será contada más adelante, sin embargo, la persecución era palpable en aquellos días y era lo que vivían los cristianos que seguían las enseñanzas de Cristo y sus apóstoles.

Pero la iglesia también fue perseguida por el imperio romano de una manera inmisericorde y muy cruel. Basta solamente decir que la mayoría de los emperadores romanos se tornaron contra la iglesia para perseguirla, sin razón ni motivo justificable.

La primera persecución de la Iglesia tuvo lugar en el año 67, bajo Nerón, el sexto emperador de Roma. La Segunda persecución, bajo Domiciano, el 81 d.C. La tercera persecución, bajo Trajano, 108 d.C. La cuarta persecución, bajo Marco Aurelio Antonino, 162 d.C. La quinta persecución, comenzando con Severo, el 192 d.C. La sexta persecución, bajo Maximino, el 235 d.C. La séptima persecución, bajo Decio, el 249 d.C. La octava persecución, bajo Valeriano, 257 d.C. La novena persecución bajo Aureliano, 274 d.C. y La décima persecución, bajo Diocleciano, 303 d.C. [68] Todas estas persecuciones incluían, pero no estaban limitadas a golpearlos, azotarlos, crucificarlos, degollarlos, quemarlos vivos, echarlos a las bestias salvajes, desterrarlos y en un sinnúmero de ocasiones como espectáculo en el coliseo romano.

Uno de los más despiadados y crueles fue Nerón. Se dice que cuando Nerón descubrió que su conducta era intensamente censurada, y que era objeto de un profundo odio, decidió inculpar a los cristianos. Esta fue la causa de la primera persecución; y las brutalidades cometidas contra los cristianos fueron tales que incluso movieron a los mismos romanos a compasión.

Nerón incluso refinó sus crueldades e inventó todo tipo de castigos contra los cristianos que pudiera inventar la más infernal imaginación. En particular, hizo que algunos fueran cosidos en pieles de animales silvestres, arrojándolos a los perros hasta que expiraran; a otros los vistió de camisas atiesadas con cera, atándolos a postes, y los encendió en sus jardines, para iluminarlos".[69]

Las persecuciones imperiales causaron mucho dolor y sufrimiento en los cristianos por muchos años hasta que vino el emperador

---

[68] Seminario Reina Valera, Historia eclesiástica, "bajo persecuciones imperiales". http:// www.seminarioabierto.com/iglesia06.htm. Consultado el 5 de mayo, 20.

[69] Seminario Reina Valera, Historia eclesiástica, "bajo persecuciones imperiales". http://www.seminarioabierto.com/iglesia06.htm. Consultado el 5 de mayo, 2022.

Constantino quien tuvo una conversión a Cristo y luego convirtió al cristianismo como la religión oficial del imperio. Dice Lyman que estas persecuciones, aunque no fueron continuas, a menudo duraban varios años y propensas a que estallaran en formas terribles. Sin embargo, estas cesaron cuando en el 313 d.C. una vez convertido Constantino puso fin a los intentos de destruir la iglesia de Cristo.[70]

PADECIMIENTOS DIVERSOS

Los cristianos no solo padecerían persecución y serian aborrecidos por las personas por el solo hecho de ser creyentes, sino que sus padecimientos incluirían un sinnúmero de situaciones las cuales los pondrían en el ojo del huracán en más de una ocasión.

Un caso de sufrimiento en particular es el del Apóstol Pablo a quien Cristo dijo que le mostraría cuanto debería padecer por causa de su nombre (Hechos 9. 15-16). En este caso, se sabe por la palabra de Dios, que el apóstol Pablo sufrió demasiado por la causa de Cristo de una manera extraordinaria. Las palabras de Cristo se cumplieron al pie de la letra en referencia a los padecimientos que vivió el apóstol solamente por servir al Señor. Como es bien conocido por la mayoría, había sido un duro perseguidor de la Iglesia, no obstante, al ser confrontado por Jesús en ese viaje a Damasco por perseguir a los cristianos, el Señor se le presentó cara a cara dejándolo ciego y necesitando de la oración por un milagro de sanidad, lo que lo metió en la arena del cristianismo. No obstante, con eso le vino enseguida —al igual que Cristo, el ser rechazado, confrontado y perseguido por su pueblo judío. Se puede mirar, que este hombre verdaderamente se entregó en cuerpo y alma al Señor Jesús. No solamente predicó por todas partes fundando iglesias por doquier, sino que escribió la mayor parte de las cartas del Nuevo Testamento. Pero esta obra no le sería fácil, sino que vendría cargada con una cantidad de dolores y sufrimiento por causa del evangelio.

---

[70] Jesse Lyman, *Historia de la Iglesia cristiana*, (Miami FL: Editorial Vida, 1999), 49.

El apóstol Pablo fue criticado por su apariencia física, por la forma que hablaba, por sus sermones y enseñanzas, por su liderazgo, hasta su apostolado estuvo en duda en más de una ocasión y fue criticado por muchas otras cosas. En su segunda carta a los corintios escribe una lista de todo lo que le había pasado hasta ese entonces y se muestra a continuación.

"... en trabajos más abundante; en azotes sinnúmero; en cárceles más; en peligros de muerte muchas veces. De los judíos cinco veces he recibido cuarenta azotes menos uno.[71] Tres veces he sido azotado con varas; una vez apedreado; tres veces he padecido naufragio; una noche y un día he estado como náufrago en alta mar; en caminos muchas veces; en peligros de ríos, peligros de ladrones, peligros de los de mi nación, peligros de los gentiles, peligros en la ciudad, peligros en el desierto, peligros en el mar, peligros entre falsos hermanos; en trabajo y fatiga, en muchos desvelos, en hambre y sed, en muchos ayunos, en frío y en desnudez; y además de otras cosas, lo que sobre mí se agolpa cada día, la preocupación por todas las iglesias. ¿Quién enferma, y yo no enfermo? ¿A quién se le hace tropezar, y yo no me indigno? Si es necesario gloriarse, me gloriaré en lo que es de mi debilidad. El Dios y Padre de nuestro Señor Jesucristo, quien es bendito por los siglos, sabe que no miento. En Damasco, el gobernador de la provincia

---

[71] Referente a los azotes que le dieron a Pablo, debe distinguirse entre los azotes de los judíos y los azotes de los romanos. Pablo dice que en cinco ocasiones recibió cuarenta azotes menos uno. Esto significa que, de acuerdo con la ley (Dt. 25.3), un individuo solo podía recibir cuarenta azotes, pero luego se redujo a treinta y nueve azotes. Por su parte los azotes por el lado de los romanos no tenían límite.

del rey Aretas guardaba la ciudad de los damascenos para prenderme; y fui descolgado del muro en un canasto por una ventana, y escapé de sus manos. (2 Corintios 11. 23-33).

Como se puede apreciar en la gran lista de padecimientos que tuvo Pablo, todos estos fueron sencillamente por servir a Cristo y por su obra. Lo que dice claramente que quien se mete a redentor termina crucificado. Solo piense en los apóstoles de Cristo y cuál fue el precio que pagaron por servir a Cristo. Después de Esteban uno a uno fue atravesando su martirio.

El *Libro de los Mártires* registra la muerte de cada uno de ellos. Jacobo el Mayor fue sacrificado después de Esteban debido a que Herodes Agripa queriendo congraciarse con los judíos, suscitó una persecución contra los cristianos y tomó prisionero a Jacobo hijo de Zebedeo, hermano mayor de Juan y pariente de Jesús (Hechos 12.1-3). Cita a Clemente de Alejandría, quien cuenta que cuando Jacobo estaba siendo conducido a su martirio, su acusador fue llevado al arrepentimiento, cayendo a sus pies para pedirle perdón, profesándose cristiano y decidió no dejar morir solitario a Jacobo, así que murieron ambos decapitados.

Luego seguiría Felipe quien fue azotado, echado en la cárcel y después crucificado en el 54 d.C. Mateo por su parte sufrió el martirio por una lanza en la ciudad de Nadaba en el año 60 d. C. Jacobo el Menor y autor de la epístola de Santiago murió a la edad de noventa y nueve años siendo golpeado, y apedreado por los judíos y finalmente le abrieron el cráneo con un garrote batanero. Matías quien fue escogido para llenar la vacante de Judas fue apedreado en Jerusalén y luego le cortaron la cabeza. Andrés por su parte fue prendido en Edesa y crucificado en una cruz cuyos extremos fueron fijados transversalmente en el suelo. Marcos quien fue el escritor del evangelio que lleva su nombre fue arrastrado y despedazado por el populacho de Alejandría, en la gran solemnidad de su ídolo Serapis. Pedro fue condenado a muerte y crucificado y Jerónimo dice que fue crucificado cabeza abajo, con los pies arriba por su propia petición porque no se sintió digno de morir de la misma forma que murió Jesús. Pablo por su parte fue decapitado. Después de una larga jornada de prisión fue liberado por unos años donde se dedicó a enseñar la palabra de Dios y luego estuvo en Grecia.

Lyman dice que la tradición declara que en este lugar lo arrestaron y enviaron de nuevo a Roma donde, en el año 68 d.C. sufrió el martirio.[72] Judas Tadeo fue crucificado en Edesa en el 72 d.C. Bartolomé fue cruelmente azotado y luego crucificado por lo agitadores idolatras de la India. Tomás el Dídimo fue martirizado en el mismo lugar que Judas, siendo atravesado por una lanza. Por su parte Lucas el evangelista y quien viajó con Pablo se dice que fue colgado de un olivo por los idolatras de Grecia. Simón el Zelote fue crucificado en Inglaterra en el 74 d.C. Juan el discípulo amado y hermano de Jacobo el Mayor y fundador de las iglesias del Apocalipsis, fue echado en un caldero de aceite hirviendo de donde escapó ileso para después ser desterrado por Domiciano y se dice que fue el único que escapó de una muerte violenta. Finalmente, Bernabé el compañero de Pablo por mucho tiempo, murió en el 74 d. C.[73]

Finalmente, hay que decir que lo que sucedió al principio con los primeros cristianos no excluye a quienes son perseguidos y aborrecidos hoy en día por causa del evangelio. Es decir, los cristianos han sido perseguidos y siguen siendo perseguidos aun, en el siglo XXI.

John McCarthur en su obra sobre este particular expone el sufrimiento que sufren los cristianos en el mundo actual y cómo el ataque a los hijos de Dios está ganando popularidad y es el pasatiempo

---

[72] Jesse Lyman, *Historia de la Iglesia cristiana*, (Miami FL: Editorial Vida, 1999), 36-37.

[73] John Foxe, *El libro de los mártires*, (Barcelona, España: Editorial CLIE, 1991), 26-30.

preferido de los liberales de la educación, y son llamados intolerantes. Además, cita cómo en Nepal en solo cinco meses se arrestaron a diecisiete cristianos solo por evangelizar, algunos serán enviados a la cárcel por varios años. También menciona citando a David Barrett que trecientos mil cristianos sufren el martirio cada año y agrega que al paso que vamos la hostilidad contra los cristianos irá creciendo.[74]

Como se ha podido apreciar en este capítulo, los cristianos de todos los tiempos han tenido que enfrentar diversas situaciones solo por el hecho de haber decidido ser diferentes al mundo y por haber tomado la decisión de servir a Dios apartándose del mal. Entonces preguntará alguien, ¿Es para eso que los llamó el Señor? O ¿De qué vale servir a Dios, si al final del cabo termina siendo azotado? ¿Por qué debe sufrir un cristiano? Y cuantas preguntas más se pudiera hacer la persona.

Lo cierto es que el servir a Dios indefectiblemente va a traer problemas a las personas por muchas razones. Primero porque el cristiano no es de este mundo. Los negocios del hijo de Dios son los negocios del Señor y por consiguiente no hay relación entre una cosa y la otra. Jesús mismo les dijo a sus seguidores, ustedes son la luz del mundo y no hay relación entre la luz y las tinieblas. Además, es importante recalcar que los hijos de Dios van a tener muchas complicaciones en este mundo porque no son iguales que el mundo. El mundo está alineado con el enemigo, y los hijos de Dios con el Señor, por lo tanto, cada uno va a buscar lo suyo propio.

Además, se debe decir que los cristianos no son masoquistas ni nada por el estilo y mucho menos andan buscando a ver quién les da unos golpes por ser cristianos, sino todo lo contrario. Nadie quiere sufrir y mucho menos batallar por ser cristiano, no obstante, el cristianismo va a requerir tomar decisiones que han de llevar al hijo de Dios al límite de lo que hay en el mundo y de lo que se puede tolerar.

---

[74] John MacArthur, *El poder del sufrimiento*, (Grand Rapids, MI: Editorial Portavoz, 2005) 67.

Solamente piense por un momento en Daniel y sus tres amigos, cuando fueron llevados cautivos a Babilonia. Estos jóvenes tuvieron que pasar por una situación extrema, en la que solo tenían dos opciones; o se acomodaban a las exigencias de Nabucodonosor y su imperio o a los estándares de Dios. Nabucodonosor les requería que comieran su comida sacrificada a los ídolos, y que adoraran a sus dioses, además que solo oraran a la estatua que se había levantado. Sin embargo, ellos prefirieron ir al horno de fuego en lugar de arrodillarse ante la estatua que Nabucodonosor había levantado.

En otras palabras, no le tuvieron miedo al horno de fuego ardiendo y prefirieron quemarse antes que doblegarse ante los ídolos de Nabucodonosor. A estos jóvenes valientes, Dios los libró del horno de fuego ardiendo aun cuando había sido calentado siete veces más de lo normal. Es por demás decir, que ni sus ropas, ni su cabello y ni nada de ellos se quemó y ni siquiera olieron a humo, mientras que los que los arrojaron al horno ardiendo murieron al instante. En medio del fuego, Dios se hizo presente y Nabucodonosor pudo mirar al cuarto hombre que estaba con ellos en medio del fuego y a ellos sin sufrir ningún daño (Daniel 3).

Dios se glorificó en la obediencia de ellos. De igual manera Daniel prefirió ir al foso de los leones en lugar de desobedecer la orden dada por el rey de orar a otro dios que no fuera al rey Darío. ¿Y qué sucedió? Dios lo enalteció dándole la victoria. Dios lo salvó de los leones, quienes no le hicieron ningún daño, pues el mismo Dios al igual que sus tres amigos vino a para estar con él en medio de la intensa prueba que experimentó (Daniel 6).

Es verdad que los que creen en Dios y deciden seguirlo y servirlo, como hicieron los apóstoles y todos los mencionados en este capítulo, experimentaran persecución, peligros, luchas, pruebas, tribulaciones y serán aborrecidos sencillamente porque han escogido el camino estrecho y la puerta angosta. Ellos deben de saber que, si bien van a experimentar todo tipo de situación adversa, por otro lado, van a experimentar el poder de Dios en sus vidas de una manera extraordinaria. Y si así no fuera, estos no escatimaran el sufrir y padecer por el Señor, —como dijo Pablo. Con mucho gusto lo harán, porque si bien nadie quiere sufrir, cuando llega la hora de la hora, sufrir por Cristo es un gran honor y un privilegio como dijeron los primeros apóstoles perseguidos, (Hechos 5.41). Entonces, el sufrimiento es inherente al llamado, pero vale la pena, si es por una causa justa y buena como lo es la del evangelio del Señor.

Capítulo 1

LOS PELIGROS DEL SUFRIMIENTO

*Y él se fue por el desierto un día de camino, y vino y se sentó
debajo de un enebro; y deseando morirse, dijo: Basta ya, oh, Jehová,
quítame la vida, pues no soy yo mejor que mis padres.*

I Reyes 19.4

Hasta este punto se ha puesto en evidencia en los capítulos anteriores
el sufrimiento humano y las causas que lo generan, sin embargo, hay
que saber llevarlo para no sufrir más de lo que debe ser. Existe un gran
peligro en no procesar correctamente el sufrimiento que se pasa en
ocasiones como hijos de Dios. Algunas personas que no sepan cómo
lidiar con ello pueden caer en la trampa y enfermarse convirtiéndose
en víctimas del resentimiento, del enojo, del aislamiento u otros males
que pueden resultar en daños mayores.

Algunas personas, pueden herirse fácilmente a sí mismos, enojarse
en contra de Dios, en contra de otras personas o aun en contra de
ellos mismos. En este capítulo se analizarán dos casos específicos,
uno bíblico y otro actual junto a los posibles daños colaterales que

pueden surgir cuando no se procesa correctamente las cosas negativas que se pasan en esta vida.

EL CASO DEL PROFETA ELÍAS

Un ejemplo de lo que el dolor, el sufrimiento y las tribulaciones pueden causar en las personas, se encuentra en la misma Biblia con el profeta Elías. Este gran siervo de Dios le había servido de una manera extraordinaria en un tiempo en que la nación de Israel estaba pasando un oscuro momento. Su aparición en el escenario bíblico comienza cuando el rey Acab toma posición de su reino y hace lo malo ante los ojos de Dios más que todos los reyes que habían estado antes de él. Acab introdujo la idolatría de una manera nunca vista, pues erigió un templo a Baal y le hizo un altar, y por si eso fuera poco, también levantó una imagen a Asera,[75] haciendo así peor que sus antecesores (I Reyes 16. 29-34).

Lo más terrible de todo esto, no era solo el pecado del rey Acab, sino la relación en que había entrado con Jezabel hija del rey de los sidonios, la cual influyó de una manera terrible sobre Acab para arrastrarlo a violar todas las leyes de Dios y levantarlo en contra del profeta Elías.

Una de las responsabilidades de los profetas del Antiguo Testamento era denunciar los pecados del pueblo y de sus lideres. Wood aclara que lejos de predecir el futuro como piensan algunos, la tarea principal que tenían era la de predicar la palabra de Dios a la gente de su tiempo y en esas predicaciones predecían lo que iba a suceder en el futuro de aquellas personas.[76]

---

[75] Baal era un ídolo quien en lengua babilónica —según el diccionario bíblico, Belu o Bel significaba "Señor". Era el título del dios supremo de los cananeos. Su adoración procedía de Babilonia donde era llamado Marduk. Asera por su parte era la diosa cananea de la fertilidad y esposa de Baal. Estas divinidades fueron adoradas por los israelitas y fueron el motivo de la predicación de Elías.

[76] Leon J. Wood, *Los profetas de Israel*, (Grand Rapids, MI: Editorial Portavoz, 1983) 70.

Elías seguramente confrontó a Acab respecto a sus pecados y respecto a su Mujer Jezabel, luego oró para que no lloviera por tres años y medio. Sin embargo, eso le costó ser desterrado y vivir junto al arroyo de Querit. No obstante, fue alimentado milagrosamente por los cuervos y bebía agua del arroyo hasta que este se secó por falta de lluvia (1 Reyes 17. 1-7). Jezabel buscaba al profeta para matarlo y al no encontrarlo mandó matar a los profetas del Señor. No obstante, el asunto fue escalando hasta que Dios manda al profeta a enfrentarse con Acab lo que lleva a que el profeta rete a Acab y los falsos profetas de Baal —quienes estaban a la orden de Jezabel— a un duelo a muerte en el monte Carmelo. El reto era complicado: "El Dios que haga descender fuego del cielo, ese sea Dios sobre Israel". Dice Wood que este reto era a la divinidad del falso dios Baal, ya que, como dios de la tormenta y la lluvia, debería hacer llover, por lo tanto, este reto desenmascararía a los falsos profetas y a la falsa religión que Jezabel había introducido en Israel.[77]

Ya la mayoría conoce el final de la historia, pues después de ver a los profetas de Baal infructuosamente rogar, clamar y aun herirse ante su ídolo para que enviara fuego del cielo, este no descendió. No obstante, cuando le tocó el turno al profeta Elías, cuando hubo preparado su altar, haber puesto la leña, la víctima y mucha agua sobre el mismo, oró y descendió el fuego de Dios y consumió el holocausto. Dios se glorificó tremendamente ante Israel, quien se postró y reconoció que Jehová era el único Dios.

Lo que siguió después fue el clímax de un evento extraordinario, pues Elías mandó matar a todos los profetas de Baal, unos ochocientos cincuenta, contando a los de Asera (1 Reyes 18.20-40). Pero el punto aquí no es la gloria del momento que vivió Elías y todo Israel al ver la gloria de Dios, sino la respuesta que tuvo el evento ante los ojos de Jezabel en contra del profeta Elías. Jezabel se juró a sí misma que le

---

[77] Ibid. 220.

quitaría la vida, lo que hizo que el profeta temiendo por su vida saliera huyendo nuevamente para esconderse de Jezabel (1 Reyes 19. 1-3).

Lo que sigue a continuación es el resultado de una larga jornada de meses y años de ser perseguido y pasar prácticamente amenazado continuamente, pues las palabras del profeta han quedado como un memorial para reconocer que aun los más grandes hombres de Dios atraviesan por momentos depresivos y de dolor intenso. El texto dice:

> "Y él se fue por el desierto un día de camino, y vino y se sentó debajo de un enebro; y deseando morirse, dijo: Basta ya, oh, Jehová, quítame la vida, pues no soy yo mejor que mis padres". (1 Reyes 19. 4).

Se puede observar abiertamente que lo que el profeta traía por dentro había llegado a su clímax y ya no lo podía contener más. El sufrimiento interno que estaba llevando era mucho a tal grado que ansiaba dos cosas: primero, deseaba morir, y lo segundo, que fuera Dios mismo quien le quitara la vida, al fin y al cabo, todo lo que estaba pasando era precisamente por servirlo a él.

Es en este mismo momento donde las personas —sin importar quienes sean, van a experimentar fricción interna y una turbulencia de emociones la cual se va a manifestar externamente en deseos contra lo que Dios quiere y aun contra la misma palabra de Dios. Lo que Elías estaba pidiendo era algo inimaginable antes los ojos de alguien que quiere hacer lo recto siempre. No obstante, este ejemplo nos dice que las cosas habían subido demasiado en intensidad y él sencillamente no lo podía seguir llevando.

El caso del profeta Elías es un claro ejemplo de que, si le pasó a él, le puede suceder a cualquiera, aunque sea un hijo de Dios o alguien que tenga una posición muy elevada. De hecho, Santiago aclara que Elías era un hombre sujeto a pasiones semejantes a las que nosotros tenemos (Santiago 5.17) lo que lo hacía vulnerable a padecer lo que sufrió.

Ese es precisamente el espíritu de este capítulo, ya que cuando no se procesa correctamente el dolor, el sufrimiento y los males humanos, máxime cuando estos son por servir a Dios y hacer lo que Dios quiere, puede ser muy peligroso. A veces, como seres humanos tendemos a tomar otras actitudes o acciones que pueden resultar contraproducentes y pueden arrastrar a la persona a muchos males autodestructivos. En este caso específico, el profeta estaba atravesando un momento depresivo severo y no podía más con ello.

Se ha llegado a entender que el caso de Elías también incluye la fatiga ministerial o el estar quemado por causa del trabajo. Aunque este tema nos llevaría escribir un capítulo entero —lo cual no es la intención, lo cierto es que es una realidad que viven muchos pastores y lideres hoy en día. En realidad, la fatiga, el cansancio y la quemazón emocional se puede incrementar a tal punto que los que lo sufren pueden optar por tomar decisiones equivocadas.

Según los expertos, el síndrome de "burnout", también llamado síndrome de "estar quemado" o de desgaste profesional, se considera como la fase avanzada del estrés profesional, y se produce cuando se desequilibran las expectativas en el ámbito profesional y la realidad del trabajo diario. Este síndrome es un mal invisible que afecta y repercute directamente en la calidad de vida y fue descrito por Maslach y Jackson en 1986, como un síndrome de agotamiento profesional, despersonalización y baja realización personal, que puede ocurrir entre los individuos que trabajan con personas.

La forma de manifestarse se presenta bajo unos síntomas específicos y estos son los más habituales: *Psicosomáticos*: fatiga crónica, trastornos del sueño, úlceras y desordenes gástricos, tensión muscular. *De conducta*: absentismo laboral, adicciones. *Emocionales*: irritabilidad, incapacidad de concentración, distanciamiento afectivo. *Laborales*: menor capacidad en el trabajo, acciones hostiles, conflictos.[78] Según

---

[78] CEAM Bienestar. http://www.ceambienestar.com/estres-y-sindrome-de-burnout-o-del-quemado/.

el sitio Ada.com este síndrome puede afectar a cualquier persona, pero usualmente tiende a afectar a aquellas que tienen trabajos que son físico o emocionalmente estresantes (por ejemplo, enfermeros, profesionales de medicina, policía, asistentes sociales, etc.) o a personas que están atravesando un momento estresante de la vida o están apoyando a un ser querido que está pasando por un momento estresante.[79] Como se puede apreciar entonces, los que trabajan con personas son vulnerables a padecerlo, tal como lo fue Elías.

Otro líder que experimentó lo que le pasó al profeta Elías fue Moisés, quien después de batallar tanto con el trabajo que Dios le había dado le dijo a Dios: "Si éste es el trato que vas a darme, ¡me harás un favor si me quitas la vida! ¡Así me veré libre de mi desgracia!" (Números 11.15). Como se pueden imaginar, este hombre sufrió demasiado con un pueblo rebelde y contradictor, y llegó el momento donde, sencillamente no podía más. Como es bien sabido por muchos, Moisés experimentó algo terrible con los Israelitas en ese viaje hacia la tierra prometida. Lo habían criticado hasta no poder más, lo habían retado, lo habían desobedecido. Se quejaban periódicamente contra él como si el fuera el responsable de lo que les estaba pasando. Le pedían agua, comida y se quejaban del sol, de la noche, del frio, del calor y prácticamente de todo. Así que este hombre ya no aguantaba más, sin embargo, no podía hacer nada para remediarlo. Así que llegó el día en que le pidió a Dios que mejor le quitara la vida para no seguir con ese sufrimiento.

El sufrimiento puede crear muchos conflictos en las personas que a veces no puedan lidiar con ello, y pueden desarrollar comportamientos que les pueden hacer mucho daño tanto emocional como físicamente. Las personas se pueden enfermar, se pueden resentir e incluso pueden llegar hasta a negar la fe y abandonar los caminos del Señor entre otras cosas como se verá a continuación en el siguiente caso y en los

---

[79] Ada.com. "bajo el síndrome de burnout". Publicado el 7 de abril, 2022. https://ada.com/es/conditions/burnout/. Consultado el 23 de junio, 2022.

ejemplos acerca de situaciones que se pueden salir de control cuando no se tiene cuidado al procesar el dolor.

EL CASO DE MARÍA

En otro libro dedicado a la deserción de la Iglesia se trata el caso de María y su esposo Francisco.[80] María, era una líder dotada de cualidades extraordinarias. Su esposo también era un líder muy conectado a su iglesia e involucrado en la dirección y decisiones de esta. Ambos habían servido por muchos años en su congregación, no obstante, en este libro solo nos referiremos a ella por causa del enfoque. María siempre estaba involucrada en la dirección de proyectos y grupos de su congregación, además de ayudar a su pastor en asuntos administrativos, por lo que vivía completamente ocupada en los negocios del Señor.

Un día la vida de María cambio dramáticamente para siempre, pues su madre enfermó repentinamente al ser diagnosticada con una enfermedad terminal. La madre de María estuvo luchando contra esa enfermedad por varios meses, no obstante, la fue consumiendo hasta que perdió la vida. Esto fue un golpe muy duro para María, ya que como se puede ver, no era algo fácil de procesar. La enfermedad y la pérdida de un ser querido siempre es muy lamentable y afectará directamente a la familia inmediata y extendida como a los amigos más cercanos. Lo curioso del caso es que no muchos meses después, su padre enfermó de la misma manera que su madre. El padre de María contrajo una enfermedad que se lo llevó rápidamente. Así que, en un periodo de uno a dos años, María había perdido a sus dos padres.

A pesar de lo difícil de la situación, de la ayuda y apoyo que se le dio de parte de la congregación, de los amigos y familiares, María, su esposo y sus hijos abandonaron la iglesia repentinamente. Al principio de su ausencia solían decir que estaban ocupados con lo que había

---

[80] Roberto Tinoco, *La deserción en la iglesia: por qué la gente se va y que podemos hacer.* (Bloomington, IN: WestBow Press, 2016).

sucedido y obviamente siendo lideres, se comprendía que necesitaban un tiempo para procesar la pérdida. No obstante, después de un tiempo considerable de ausencia, solían decir que estaban trabajando mucho y que no podían asistir al templo por las diversas ocupaciones. Finalmente, perdieron todo contacto con la membresía y el liderazgo de su congregación para terminar fuera y viviendo una vida muy diferente a la que ellos estaban acostumbrados.

Al analizar el caso de María y por la serie de conversaciones que ella y su esposo tuvieron con su pastor, no se encontró aparentemente alguna situación que los hubiera sacado de la iglesia y arrastrado a un cambio tan abrupto de su cristianismo. Lo que sí se puede apreciar es que todo comenzó desde que ambos padres enfermaron y perdieron la vida. Ellos sencillamente, ya nunca fueron los mismos y terminaron fuera de la iglesia.

Existe un peligro latente en no saber procesar el sufrimiento, ya sea por una pérdida o una situación de dolor intenso. La persona puede ser arrastrada a diversas situaciones que lo pueden llevar a una desconexión total de Dios, de su iglesia y aún de aquellas personas que le quieren.

El caso de María, es un caso que no terminó bien y en el cual fue lastimada mucha gente, ya que ellos eran muy apreciados y queridos por la congregación. Mucha gente lloró con ellos y sufrió acompañándolos en su dolor, les apoyó de todas formas, sin embargo, dicha familia se fue para siempre. Aunque el verdadero motivo de su partida no está contemplado en este escrito, sí se puede decir, que María no pudo procesar el sufrimiento que pasó. Ella estaba muy resentida con Dios porque se había orado mucho por sus padres, ya que ellos eran cristianos de mucho tiempo y además confiaban que Dios los iba a librar, pero aun así se fueron de este mundo. Aunque más adelante hablaremos de esto, la pregunta es, ¿Por qué le pasa esto a los cristianos? ¿Por qué no es contestada la oración? ¿Por qué enfrentan estas desgracias de repente? Además, por si fuera poco,

María estaba enojada con muchas personas, pues lo manifestaba por la forma de hablar y de quejarse. Tal pareciera que estaba esperando más apoyo de la gente, de su familia y tal vez de su iglesia. Finalmente, María y su familia se aislaron de todo el mundo incluyendo la iglesia.

El sufrimiento no procesado correctamente hace mucho daño a las personas; no solo daña a los que lo sufren, sino también a los seres queridos y a los amigos que los rodean. Por lo tanto, es de vital importancia estar preparados para cuando venga ese visitante silencioso, y no ser movidos por cualquier situación intensa.

Las personas que no sepan lidiar con el sufrimiento pueden tomar caminos equivocados y actitudes que lejos de ayudarlos pueden perjudicarlos en gran manera. Aunque se entiende que nunca se está preparado para recibir dolor y sufrimiento, lo cierto es que, al no saber aceptar, procesar y trabajar con el sufrimiento puede llevar a la persona a desarrollar en sí misma muchas cosas que a la postre le harán mucho daño. A continuación, se analizará algunos de los problemas más comunes que enfrenta una persona que no sabe o no puede lidiar con el dolor.

EL PELIGRO DEL RESENTIMIENTO.

La persona que no sepa o no pueda lidiar con las crisis de su vida, enfermedades, desastres o hasta con la muerte de un familiar, puede optar por resentirse en contra de Dios o contra otras personas. Alguien puede resentirse contra Dios, ya que, por lo general, cuando uno está atravesando una situación de crisis y de dolor, generalmente la persona clama a Dios, ora, y aún presenta sacrificios de ayuno para que Dios le oiga y salve a su ser querido. ¿Pero qué pasa cuando, pareciera que la oración no es oída y la respuesta no viene? Se sabe que Dios es un Dios soberano y que todo está bajo su control. Se sabe que nada pasa sin que él lo permita, sin embargo, cuando se está atravesando una situación de dolor, tal pareciera que las personas tienden a olvidarse de eso. A veces, sencillamente la oración no es contestada, el milagro o la sanidad no sucede y la persona o el ser querido se muere. ¿Qué hace la gente entonces en ese momento? Si una persona no está preparada para enfrentar situaciones intensas de dolor y pérdida, es muy probable que se resienta contra Dios y le reclame por qué no lo ayudó. Pero también, la persona puede ser que opte por resentirse con las demás personas. En este último caso, el resentimiento, es un sentimiento de dolor y de rechazo contra aquella persona que se pensaba o creía que podría ayudar en la necesidad, pero no lo hizo.

El resentimiento es algo muy terrible que puede hacer que una persona se aleje del camino del señor y que llegue a tomar actitudes contrarias a la voluntad de Dios o contra los demás. Es por lo que la gente necesita cuidarse de no tener resentimientos ni contra Dios, ni contra su iglesia y mucho menos contra aquellas personas que se pensaba que podían ayudar.

EL PELIGRO DEL ENOJO.

El segundo problema que se puede crear en una persona que no sepa procesar el dolor en su vida tiene que ver con el enojo. Existen muchas personas enojadas consigo mismas y contra otras personas porque tuvieron que pasar situaciones intensas de dolor y sufrimiento y no las pudieron procesar. incluso se enojan contra Dios. El enojo puede venir por causa de la impotencia de no haber podido hacer esto o aquello para salvar o ayudar a sus seres queridos. También puede ser que estén enojadas con Dios porque no le sanó a su ser querido. También pueden enojarse con otras personas porque tal vez esperaban que la gente hiciera más por ellos y no lo hicieron. Finalmente, si el daño vino por culpa de otras personas, ya sea por equivocación, accidente o por alguna motivación, las personas pueden enojarse contra tales personas y amargarse la vida por no saber lidiar con ello. El enojo en realidad puede ser muy peligroso cuando no se sabe controlar y puede arrastrar a una persona a situaciones de riesgo mayor en las que no solamente pueden hacer daño a otras personas, sino a sí mismas.

EL PELIGRO DE LA CULPA.

Otra de las situaciones que se crea cuando se pierde a un ser querido o hay una enfermedad que termina en consecuencias fatales, es la culpa. Es decir, la persona se siente culpable de que no hizo lo suficiente para salvar a su ser querido. Un ejemplo de esto le sucedió al hijo mayor de Víctor y Elfega, quien se sentía muy mal porque no se llevó a su padre al hospital para poder ser atendido a tiempo y con los medicamentos y atenciones necesarias. El batalló mucho por esa culpa que lo atormentaba por un tiempo considerable. No obstante, su padre había determinado no ir a un hospital por su edad y por las condiciones tan complicadas en el país donde se encontraba. Sin embargo, el hijo mayor no podía consolidar la idea de que se pudo haber hecho algo mejor para salvarlo. Este tipo de problematica es muy común ya que por lo general cuando se atraviesa por una situación semejante, la culpa suele aparecer para atormentar a las víctimas de la misma. Usualmente la palabra es, "si hubiera hecho esto o lo otro, no hubiera pasado tal cosa". En realidad, el "hubiera" ya no existe y es solamente un agujón para atormentar. Las cosas suceden porque Dios las permite. Lo único que la persona debe asegurarse es de agotar todos los recursos para librarse de la culpa en el futuro. En otras palabras, no se puede ser negligente con una situación semejante. En este caso, el hijo mayor de Víctor y Elfega no escatimó tal cosa con tal de salvar a sus padres, por lo tanto, la culpa desapareció con el tiempo.

EL PELIGRO DE LA AMARGURA.

La amargura también puede manifestarse en una persona que no sepa procesar correctamente su dolor. Por ejemplo, si a una persona le fue mal en su matrimonio, en el trabajo o en algún proyecto que emprendió y no sucedieron las cosas como había planificado. Tal persona puede llegar a pensar que en realidad todo le sale mal, y puede terminar amargándose la vida. La amargura es un tema que merece una atención especial, pero no se puede tocar en este capítulo por causa de espacio.

No obstante, mucha gente vive amargada por las situaciones que les han pasado en su vida y no han podido procesarlo adecuadamente. Estas personas no son felices y viven la vida frustrados consigo mismas y por lo general manifiestan animosidad contra las demás personas.

Para poder entender bien la amargura hay que conocer algunas definiciones. Por ejemplo, el diccionario traduce esta palabra de la siguiente manera: Sentimiento intenso y duradero de pena o aflicción. Por ejemplo, la amargura de saberse despreciado. También, sentimiento prolongado de frustración o resentimiento. Por ejemplo, su amargura se debe a que no consigue trabajo. Cosa que expresa gran frustración o resentimiento. Se puede también hablar con tono de amargura.[81] Además, la palabra *amargura* proviene del Hebreo *Mará* y quiere decir: "Amargura" y se usa literal o figurativamente con acepciones como amargamente, amargar, amargo, amargura, colérico, cruel.

Esta palabra surge de una palabra hebrea Marár que significa "gotear", ser amargo, y se usa literal o figurativamente. Deriva de amargar, amargo, amargura, causar, rebeldía. La palabra griega *Pikraino* y significa cortar, pinchar, ser áspero. La palabra viene de *Pikria* y denota amargura y se usa metafóricamente de una condición de extrema maldad. "Como hiel de amargura" (Ro. 3.14) en el texto de hebreos 12. 15 significa una raíz de amargura la cual produce frutos amargos.[82]

Las características de una persona amargada pueden incluir poca preocupación por los demás, ser muy sensible, muy posesivo con los pocos amigos que tenga. La persona amargada va a evitar a otras pues no quiere ser herido nuevamente; se torna ingrata, criticona, resentida, desconfiada, rebelde, entre otras cosas. Entonces, la amargura puede tomar posesión de una persona herida y que no ha podido superar su dolor.

---

[81] The free dictionary by Farlex, "bajo definición de amargura". https://es.thefreedictionary.com/amargura. Consultado el 24 de mayo, 2022.

[82] James, Strong. Concordancia exhaustiva de la biblia, (Nashville, TN-Miami, FL: Editorial Caribe, 2002).

EL PELIGRO DE LA ANSIEDAD.

Existe otro peligro latente en una persona que no pueda superar un problema de sufrimiento y dolor y este tiene que ver con padecer de ansiedad. La ansiedad es un enemigo silencioso que puede destruir a cualquier persona. Es un sentimiento que incapacita a la persona para poder hacer lo que tiene que hacer. Hay muchas personas que sufren de ansiedad en este mundo, por diversas causas. Sin embargo, cuando una persona que ha atravesado una situación de dolor intenso y no sabe cómo lidiar con ello, por lo general termina padeciendo de ansiedad. La ansiedad puede crear una inestabilidad emocional, física y hasta espiritual en la persona. Es por lo que es fundamental entender que este mal se debe evitar a toda costa y en el caso que se llegue a padecer, se debe atender adecuadamente.

EL PELIGRO DEL DESÁNIMO.

Además, una persona que no esté preparada para lidiar con situaciones de dolor y sufrimiento intensos puede terminar desanimándose para no continuar adelante con su carrera cristiana. El desánimo es una de las trampas que Satanás le manda a los hijos de Dios; especialmente cuando estos están atravesando situaciones de dolor intenso para que se desanimen y abandonen el camino de Dios. En realidad, esto es algo muy peligroso para un hijo de Dios

¿Qué es el desánimo? El desánimo es un sentimiento de incapacidad y de falta de energía y de poder para levantarse y hacer lo que tiene que hacer. Es literalmente tener muerto el espíritu dentro de uno. No hay fuerzas para levantarse, no hay fuerza para seguir, no hay energía para trabajar. Es cierto que muchas personas se desaniman por diversas cosas, no obstante, cuando alguien sufre el desánimo es un elemento que viene a hostigar al doliente.

EL PELIGRO DEL AISLAMIENTO.

Cuando una persona que no puede o no está preparada para experimentar problemas de dolor y sufrimiento tiende a aislarse de los demás. El aislamiento es una actitud verdaderamente dañina. ¿Qué es el aislamiento? El aislamiento es meterse literalmente en una cueva y separarse de las demás personas. Cuando una persona cae en aislamiento pondrá una barrera muy gruesa entre él o ella y aquellas personas que pueden ayudarle.

El aislamiento es un mecanismo de defensa que utilizan a menudo las personas heridas para protegerse de las demás personas. El problema que muchas personas que viven aisladas bloquean a aquellas personas que en realidad quieren y pueden ayudarle. Lamentablemente una persona aislada vive en una isla imaginaria en la cual ha perdido todo contacto con la sociedad y específicamente con aquellos que ella cree pueden hacerle daño.

EL PELIGRO DE ADICCIONES.

Se ha llegado a comprender que muchas personas que han pasado por situaciones de dolor y sufrimiento o de perdida y no han podido superar su dolor y su pérdida, desafortunadamente caen en la tentación de las adicciones. Dichas personas pueden experimentar problemas de alcohol y drogas entre otros males. Las adicciones son un verdadero problema para este tipo de personas. Ellas se encuentran vulnerables debido a la situación emocional que están experimentando y optan por tomar un camino fácil al olvido de esas situaciones y se entregan a vicios como el alcohol y drogas los cuales las pueden hundir más y más en su miseria. Las personas que caen en un vicio maligno pueden llegar a tener serios problemas consigo mismas y con sus familias. Hay personas que pueden caer en el peligro de robar para poder comprar sus drogas y lamentablemente las personas que más sufren son sus seres queridos.

EL PELIGRO DE ATENTAR CONTRA SÍ MISMAS.

Finalmente, muchas personas que no pueden lidiar con sus problemas pueden tomar el camino equivocado del suicidio y terminar con sus vidas para así parar de sufrir. El suicidio ocupa el décimo lugar de las muertes en los Estados Unidos y es un mal que está atacando a la sociedad de una manera alarmante.

Recientemente salía en las noticias una artista muy popular, que tenía fama, dinero, había conquistado la cima de su carrera. Tenía todo por delante, para ser "aparentemente feliz", y, sin embargo, se suicidó tirándose de un edificio. Entonces, la pregunta que se hace, es ¿Por qué se quitó la vida si tenía todo? A veces las personas sencillamente no pueden con la situación que están viviendo y la manera más rápida es terminar con su sufrimiento quitándose la vida.

A veces son ahogados por lo que están viviendo y se les cierra el mundo. Según el canal de noticias de CNN en español, "El suicidio es un problema de salud pública complejo y multifacético con problemas sociales, ambientales, componentes interpersonales, biológicos y psicológicos", escribieron los investigadores afiliados a la División de Estadísticas Vitales y la División de Análisis y Epidemiología de los CDC.

> "La pandemia de covid-19 aumentó muchos de los factores de riesgo asociados con el comportamiento suicida (condiciones adversas de salud mental, abuso de sustancias y estrés laboral o financiero), y los adultos jóvenes y las personas negras e hispanas se vieron más afectadas que otros grupos demográficos".[83]

---

[83] Virginia Langmaid, CNN español, publicado el 3 de noviembre, 2021. https://cnnespanol.cnn.com/2021/11/03/tasas-suicidio-disminucion-estados-unidos-2020-trax/. Consultado el 20 de mayo, 2022.

El suicidio —por no poder lidiar con los problemas— no es un asunto que se debe ignorar, de hecho, la misma Biblia registra el caso de Judas el Iscariote, cuando traicionó a Jesús habiéndole él advertido sobre ello (Jn 13.21; Mt. 26.20-25; Mr. 14.17-21; Lc. 22.21-23). A este le ganó la codicia y la avaricia y vendió a su Maestro por treinta monedas de plata. Sin embargo, una vez hecho el negocio y viendo a su Maestro que era condenado y sabiendo que iba a ir a la muerte no pudo con ello y fue y se quitó la vida (Mt 27.23).

Vale la pena mencionar que el suicidio nunca ha sido la respuesta al sufrimiento, y mucho menos el fin del sufrimiento. Todo lo contrario, es un mal que no solo lo lleva quien se quita la vida, sino la familia que se queda con ese dolor y no hay medicina que lo calme. En una nota aparte, si usted se encuentra atravesando este valle, pida ayuda, hágase un bien a usted y a su familia. Hay cientos de agencias que pueden ayudarle en asistirle en un momento como este.

Como se ha podido observar en este capítulo, existen muchos peligros para aquellos que no procesan el sufrimiento correctamente. Afortunadamente, Dios ha provisto ayuda para todas las personas y para todos los casos mencionados arriba, siempre y cuando la persona esté en disposición de recibir la ayuda que necesita. Mas adelante aprenderemos cómo lidiar no solo con el sufrimiento, sino con los daños colaterales del mismo.

Capítulo 8

LA TEOLOGÍA DEL SUFRIMIENTO

Cuando pases por las aguas, yo estaré contigo; y si por los ríos, no te anegarán. Cuando pases por el fuego, no te quemarás, ni la llama arderá en ti. Porque yo Jehová, Dios tuyo, el Santo de Israel, soy tu Salvador; a Egipto he dado por tu rescate, a Etiopía y a Seba por ti.
Isaías 43: 2-3

Hablar del dolor humano es algo terrible, máxime cuando se pasa por ello, y hay personas que se hacen preguntas como, ¿Qué piensa Dios del sufrimiento? Si Dios es bueno, ¿Por qué permite que sus hijos sufran? Y si él es el Todopoderoso, ¿Qué hace al respecto?

Estas tal vez sean las preguntas del siglo o de todos los tiempos. La verdad es que estas preguntas generalmente las personas que creen en Dios o que son personas de fe, no tienen tanto problema en entenderlas, no obstante, hay personas que no alcanzan a procesar sus problemas y terminan preguntándole a Dios o hasta reclamándole por las situaciones que atraviesan. Dicho lo anterior, se puede formular una teología sobre el sufrimiento para poder tener una respuesta a lo antes mencionado o sencillamente para saber qué hacer, cuando esto le suceda a uno.

En este capítulo conoceremos el punto de vista del dolor desde la perspectiva teológica, social y bíblica. Esto con el fin de analizar lo que Dios cree o piensa respecto al dolor humano, pero más enfáticamente, cómo reacciona Dios ante ese sufrimiento.

DIOS Y SU RELACIÓN CON EL SUFRIMIENTO

Es importante comenzar este capítulo haciendo un análisis de lo que piensan la mayoría de los cristianos, teólogos, filósofos, médicos, en fin, la mayoría de las personas referente al sufrimiento de las personas y la respuesta de Dios al respecto. Por ejemplo, en un libro publicado por la iglesia de Dios Unida, titulado, ¿Por qué Dios permite el sufrimiento?

El escritor aborda su argumento, precisamente mencionando que muchas personas creen que, si Dios en verdad es un Dios de amor y de misericordia, debería por su propio carácter y principios impedir el sufrimiento humano, luego lanza preguntas como, ¿Por qué Dios no interviene para impedir el sufrimiento? Luego agrega que el mal que Dios permite, y las tragedias que decide no impedir lleva a muchos a dudar de su sabiduría, su bondad y aun su existencia misma. Además, presenta los argumentos de algunos ateos como Julia Huxley, biólogo y escritor inglés, que dijo que la existencia del mal es un desafío al carácter moral de Dios. Luego cita al famoso Marción, un maestro gnóstico del segundo siglo, quien creía que "había dos Dioses rivales: uno, el creador tirano y dador de la ley del Antiguo Testamento; el otro, el desconocido Dios de amor y misericordia que envió a Jesús para que comprara la salvación al Dios creador"

Desde la perspectiva de Marción, el Dios legislador era el

responsable del dolor y del mal, y la tarea del Salvador era rescatar al mundo del dolor y el mal causados por ese Dios.[84]

En un artículo publicado por el sitio Bite.com, Iván Gutiérrez presenta un estudio muy interesante respecto al tema que nos ocupa. Él dice que el centro de Investigación Pew ha estado estudiando las preguntas mencionadas arriba y lo que piensan los ciudadanos estadounidenses al respecto. Gutiérrez enfatiza que, de acuerdo con *Pew Research*, cerca de un cuarto de los adultos estadounidenses (el 23%) dicen que han reflexionado sobre estos temas "mucho". Es decir, sobre Dios y su relación con el mal en el mundo, según la mayoría de los estadounidenses.

El escritor revela que el estudio dice que hay muchas maneras de entender las causas y consecuencias del sufrimiento humano. Por ejemplo —dice, las personas pueden estar pasando por algún tipo de sufrimiento ellas mismas, debido a decisiones malas o a acciones mal guiadas.

Otro tipo de sufrimiento puede ser causado por la forma en que la sociedad está estructurada. Además, revela la investigación que, algunos podrían creer que el sufrimiento surge como un castigo o como una lección de Dios o por alguna razón que ellos no pueden entender. No obstante, dice el estudio, otros podrían llegar a dudar de la existencia de Dios debido a que ellos no pueden reconciliar el sufrimiento que existe en el mundo con la idea de que hay un Dios todopoderoso y benevolente que está en control del universo. Y por supuesto, hay sufrimiento que puede ser percibido como algo que está causado por el azar y otro que es percibido como algo que ocurre sin ninguna razón aparente. No obstante, concluye el estudio —,el cual sirve de encabezado del artículo mencionando que, el 56% de los

---

[84] Iglesia de Dios Unida una asociación Internacional, *¿Por qué Dios permite el sufrimiento?* https://espanol.ucg.org/herramientas-de-estudio/folletos/por-que-dios-permite-el-sufrimiento. Consultado en mayo 16, 2022.

creyentes cree que Dios no detiene el sufrimiento porque es parte de un plan más grande.[85]

CONFUSIONES TEOLÓGICAS QUE HAN INFLUIDO EN LA SOCIEDAD.

Antes de entrar en este tema conviene aclarar que ha existido una corriente muy fuerte, además negativa de personas influyentes — filósofos y sociólogos, quienes han planteado ideas erróneas respecto a Dios y su relación con el dolor humano. Esto ha influenciado de una manera negativa de cómo se percibe el dolor humano y su reacción al mismo.

En su libro *Sociología: una desmitificación*, Antonio Cruz nos describe lo que pensaban algunos de ellos. Por Ejemplo, Maquiavelo creía en un Dios que había hecho al hombre, pero no intervenía en el mundo de lo social, ni en la historia, desde luego, no se ocupaba de poner o quitar gobernadores. Esto es sólo de la incumbencia del ser humano.

Descartes creía que Dios era la causa primera que había creado el mundo, pero pronto lo habría abandonado a su suerte. Hobbes entendió a Dios como el mayor soberano del universo al que se debía obediencia y sumisión. Sin embargo, llegó a creer que también se debía obediencia a todos los soberanos humanos, aunque estos actuarán despóticamente, se convirtieran en dictadores infieles o incluso dejarán de creer en Dios.

Hegel decía que Dios utiliza la maldad del ser humano para realizar su plan histórico. El Dios de Hegel recorre toda la historia de la humanidad y posee un cierto aire panteísta que lo impregna todo.

Comte decía que Dios no existe. Según Comte, el Dios de los cristianos tenía que ser sustituido por otra divinidad más importante:

---

[85] Iván Gutiérrez, biteproject.com, *lo que creen los estadounidenses respecto a Dios y el sufrimiento*, Publicado el 30 de noviembre, 2021. https://biteproject.com/pe w-cristianos-mal-sufrimiento-y-grandes-preguntas-de-la-vida/. Consultado el 18 de mayo, 2022.

la propia humanidad. Como el sentimiento religioso era una realidad humana, Comte concibió el catecismo positivista de una nueva religión de la humanidad, una religión sin Dios, pero creada según las formas de la Iglesia Católica.

Darwin decía que Dios no resulta necesario para explicar la aparición de la vida del ser humano.

Marx decía que Dios es una construcción fantástica de la mente humana. La religión es el opio del pueblo y aliena al ser humano, pero cuando se eliminen las causas sociales, la religión desaparecerá por sí sola.

Finalmente, Freud dijo: Dios no existe, es una mera ilusión humana. Una proyección alienada de la figura paterna al que se le atribuirían los papeles de protector idealizado y de represor odiado. Luego agrega, aunque la religión puede desempeñar un aspecto positivo al consolar a las personas de su sufrimiento, en el fondo se trata de una neurosis obsesiva de la humanidad, es una deformación infantil de la realidad.[86]

LA TEOLOGÍA DEL SUFRIMIENTO

Cuando se habla de una teología del sufrimiento se debe definir lo que eso significa para un mejor entendimiento. Una sencilla definición por el diccionario de términos teológicos es la siguiente: "Sistema de creencias religiosas acerca de Dios o la realidad final".

La teología se refiere comúnmente al estudio sistemático, ordenado e interpretativo de la fe cristiana y la experiencia de Dios basada en la auto revelación divina. La teología trata de aplicar estas verdades a toda la experiencia y pensamiento humano".[87] Entonces, basado en esta definición se puede afirmar que la teología del sufrimiento puede

---

[86] Antonio Cruz, *Sociología una desmitificación*, (Barcelona España: Editorial CLIE, 2001) 299-308.

[87] Stanley J. Grenza, David Guetzki y Cherith Fee Nordling, *Términos Teológicos: Diccionario de bolsillo*, (El Paso TX: Editorial Mundo hispano, 2006).

ser el estudio, el análisis y la comprensión del sufrimiento desde una perspectiva de la fe cristiana. Lo que se presentará a continuación no es un análisis científico, filosófico y mucho menos médico del sufrimiento de la gente, sino más bien, como es que se puede analizar y entender el porqué del sufrimiento de las personas desde una perspectiva bíblica y cristiana.

CONSIDERACIONES TEOLÓGICAS SOBRE EL SUFRIMIENTO.

El sufrimiento ha sido considerado por muchos teólogos y filósofos como algo muy importante en la vida de los seres humanos. Debemos mencionar un valioso trabajo de Jorge Manzano quien escribe un tremendo articulo referente al punto de vista de algunos teólogos cristianos, —algunas biografías agregadas por el autor— su relación y argumentos sobre el sufrimiento.

Manzano dice que Sócrates tuvo una misión divina, y fue la de liberar a sus conciudadanos de los falsos valores que los encadenaban. Agrega que sufrió la oposición de estos a dejarse liberar, y que eso lo llevó a la muerte. Luego enfatiza que afrontó el problema del sufrimiento con una actitud sublime. Solía decir "Mejor sufrir que cometer la injusticia". O "mejor expiar que no expiar".

Sobre el mal que hace el hombre, —sigue diciendo, baste citar que Platón, en boca de Sócrates, pone la responsabilidad en el hombre mismo; "Dios es inocente". Hay otro tipo de sufrimiento en Sócrates, de orden más sutil y elevado: la añoranza de lo divino. San Agustín por su parte, —según el mismo autor, refiriéndose al mal que hace el hombre, cree que el hombre es responsable. A Dios le pareció más glorioso sacar bien del mal, que suprimir el mal. No nos juzguemos más sabios que Dios; mejor cantemos sus alabanzas.

Siguiendo la misma línea de pensamiento Manzano cita a

Pascal,[88] quien asevera, que un componente de la vida en Pascal fue el sufrimiento. Este desde joven experimentó sufrimiento físico, como dolores de cabeza, los cuales eran insoportables. Padecía de problemas constantes del estómago y también sufrió de parálisis parcial de las piernas. Su última enfermedad conllevó cólicos terribles. Fue consciente también del sufrimiento de su pueblo, que pasó por espantosas guerras políticas y religiosas, por no hablar de la miseria de los pobres. Sufrió la añoranza de Dios, sufrió mucho en la controversia de jansenistas y jesuitas. Murió luego de largos meses de cólicos dolorosos, pero en gran paz.

Después Manzano menciona a Leibniz,[89] quien, según el autor, la intuición que constituye a Leibniz como Leibniz es a la armonía universal. Tuvo gran interés por la ciencia universal, por la filosofía perenne universal, por las sociedades científicas, por la unificación de todos los cristianos, y es gran antecesor del ecumenismo de nuestros días, y de la tolerancia, no de la resignada y pasiva, sino de la tolerancia activa y feliz.

Luego Manzano menciona la postura de Spinoza,[90] quien, siendo judío, fue excomulgado violentamente por los judíos, en tétrica ceremonia, y condenado a la soledad, en la que siempre vivió. En

---

[88] Blaise Pascal. Fue un matemático, físico, filosofo, teólogo y apologista francés, quien hizo muchas contribuciones científicas al mundo.

Gottfried Leibniz fue un *polímata*, es decir, una persona con grandes conocimientos en diversas materias científicas o humanísticas y además filósofo, matemático, lógico, teólogo, jurista, bibliotecario y político alemán.

Fuente: https://es.wikipedia.org/wiki/Blaise_Pascal. Consultado el 21 de mayo, 2022.

[89]

[90] Baruch de Spinoza. (Ámsterdam, 1632 - La Haya, 1677) Filósofo neerlandés. Hijo de judíos españoles emigrados a los Países Bajos, estudió hebreo y la doctrina del Talmud. Cursó estudios de comercio y teología, pero, por la fuerte influencia que ejercieron sobre él los escritos de Descartes y Hobbes, se alejó del judaísmo ortodoxo. Fuente: https://www.biografiasyvidas.com/biografia/s/spinoza.htm. Consultado el 21 de mayo, 2022.

realidad, para Spinoza, dada su filosofía, el mal y el sufrimiento no son propiamente ningún problema. En realidad, es muy interesante su postura sobre los niveles en que el mira el sufrimiento desde ciertos niveles de conocimiento. El problema es fuerte para quien se mueve sólo en el primer grado de conocimiento, esto es, el directo y sensible, de sucesos no relacionados y sin razonamientos. En cambio, el mal deja de ser doloroso para quien se mueve en el segundo grado de conocimiento, que es el intelectual y científico, el del análisis lógico y deductivo, el de las demostraciones. Así, comprendida la causa del mal, deja de sufrir. Todavía en mejores condiciones está quien se eleva al tercero y supremo grado de conocimiento; esto es, quien comprende que Dios es la única substancia, causa de sí, y de todas las cosas, que no son sinos modos de la única substancia divina que se expone. Entonces el hombre se alegra con todo. Ve todas las cosas desde el balcón de la eternidad. Y es que conocer a Dios es el mayor bien de la mente, la mayor virtud de la voluntad, y la mayor satisfacción del hombre: su salud, felicidad y libertad.

Después de esta muy interesante propuesta de Spinoza, Manzano cita a Schopenhauer —Filoso alemán, quien ve un mundo de sufrimiento. Levantado el velo, se llega a la verdad o realidad profunda de este mundo: la voluntad o sed de vivir; un deseo que nada puede saciar. De ahí el sufrimiento. Los pobres sufren carencias; los ricos, aburrimiento; la clase media, carencias entre semana y aburrimiento los domingos. Se sufre más mientras más desarrollado sea el sistema nervioso. Las plantas no sufren, hay grados en los animales, y quienes sufren más son los hombres. De estos, el más dotado sufre más. A mayor conocimiento, mayor aflicción.

Finalmente, Manzano cita al teólogo Kierkegaard, —filósofo y teólogo danés. En quien se dieron cita sufrimientos nada leves: La melancolía, las culpas insondables de su padre, el romance roto con Regina Olsen, el apasionamiento por Cristo, la campaña de ridículo que contra él armó el periódico *El Corsario*, y el ver cómo la Iglesia danesa falsificaba el Evangelio. En esta intrincada madeja

Kierkegaard estuvo seguro de que la Providencia había manejado los hilos dolorosos, eso sí con mucho amor, para conducirlo suavemente a realizar la tarea de su vida: gritar a los cuatro vientos, cuál era la falsificación y cuál el cristianismo auténtico.[91]

Como se puede apreciar con estas consideraciones teológicas y con las historias mencionadas; Dios no está ajeno al dolor humano y mucho menos distante, sino que somos nosotros los humanos, los que debemos aprender de ello para poder vivir una vida mejor.

DIOS NO QUIERE QUE EL HOMBRE SUFRA.

Cuando se habla de dolor y sufrimiento es importante establecer en este escrito, que Dios no quiere que el hombre sufra. En realidad, este es un principio teológico de alguien que cree en Dios y que conoce cómo obra en las vidas de las personas.

Desde el principio de la creación el Creador fue bastante claro en sus instrucciones para evitarle dolor al ser humano. Solamente considere los casos mencionados anteriormente en referencia a los primeros padres en el jardín del Edén. Dios le dio la orden a Adán de que no comiera del árbol de la vida para que no murieran (Génesis 2.16-17). Con esto, Dios estaba sentando las bases de sus deseos para el ser humano, pues no quería que sufriera. No obstante, como ya se mencionó en el capítulo 4, ellos prefirieron no prestarle atención, a las palabras del Señor y sufrir las consecuencias. Aunque muchas personas culpan a Dios de lo que les sucede en la vida y aun de las tragedias por las pasan en la vida, se debe enfatizar que Dios no quiere que el ser humano sufra en ningún sentido de la palabra.

---

[91] Jorge Manzano, Gale Onefile, sobre que dicen los teólogos sobre el sufrimiento. Publicado en Septiembre, 2009. https://go.gale.com/ps/i.do?p=IFME&u=googlescholar&id= GALE%7CA237943451&v=2.1&it= r&sid=googleScholar&asid=22f041a0. Consultado el 18 de abril, 2022.

DIOS NO SE GOZA EN EL DOLOR HUMANO.

El otro asunto a considerar, es que Dios no se complace ni se goza con el sufrimiento humano y mucho menos se burla del mismo. A diferencia de las religiones idolátricas, en las cuales los adoradores de dichas religiones, —en las que es requerido el uso de imágenes, estatuas, u objetos de culto— por lo general deben de mostrar cierto dolor para agradar a sus dioses.

Existen religiones en el mundo que requieren que sus adeptos se lastimen de alguna forma para provocar en su dios la compasión. Sin ir más lejos, en la Biblia se relata el culto idolátrico a Baal y Asera —mencionado anteriormente, el cual muestra claramente la práctica que se está mencionando. En el reto que el profeta Elías les hizo a los profetas de Baal se ve claramente cómo estos se herían y lastimaban para llamar la atención de su dios muerto, el cual no les contestaba. El texto dice de los profetas de Baal:

> "Y ellos clamaban a grandes voces, y se sajaban con cuchillos y con lancetas conforme a su costumbre, hasta chorrear la sangre sobre ellos" (I Reyes 18. 28).

Claramente se observa que esta gente pensaba que haciendo eso, su dios los iba a oír y contestar. Es pues importante, resaltar que el Dios verdadero no se complace en semejantes cosas y los que le temen y le buscan o los que tienen necesidad de un favor por parte de él, no tienen la necesidad de hacer cosas semejantes para llamar la atención. Dios nunca se gozará con el dolor humano, todo lo contrario —como se mencionó en el punto anterior, Dios sufre cuando el hombre sufre.

DIOS NO QUIERE EL MAL PARA EL SER HUMANO

Lo tercero que hay que considerar es que Dios no desea en absoluto el mal del ser humano y mucho menos de sus hijos o los que creen en él. Para este punto la biblia es muy clara en establecer la postura de

Dios en cuanto a este tema. Pues el Señor se lo puso muy claro en la ley, si no, solamente vea lo que le dice a su pueblo Israel sobre lo que hay referente a esto.

> "Y guarda sus estatutos y sus mandamientos, los cuales yo te mando hoy, para que te vaya bien a ti y a tus hijos después de ti, y prolongues tus días sobre la tierra que Jehová tu Dios te da para siempre" (Deuteronomio 4.40).

Claramente se puede observar que el propósito de la ley era que al pueblo de Israel le fuera bien, y no solo a él sino también a su descendencia. Además, parte del deseo de Dios incluiría el prolongarle sus días sobre la tierra. Entonces, el principio del bienestar del individuo estaba directamente relacionado al deseo de Dios y lo había condicionado a la obediencia a su palabra. Es importante reiterar que el deseo de Dios es el bienestar del ser humano en todos los aspectos. Al darles leyes, éstas los guardarían no solo de fallarle a Dios, sino que les ayudarían para que estuvieran y vivieran bien. Otro pasaje bíblico bien claro en referencia a lo que se está diciendo, se encuentra en el libro de Ezequiel y dice lo siguiente:

> "… Vivo yo, dice Jehová el Señor, que no quiero la muerte del impío, sino que se vuelva el impío de su camino, y que viva. Volveos, volveos de vuestros malos caminos; ¿por qué moriréis, oh casa de Israel?" (Ezequiel 33. 11)

En esta porción se destaca igualmente el hecho de que el Creador no quiere de ninguna manera que el ser humano sufra o muera. Algo muy importante a resaltar y que contradice el argumento de aquellos que le echan la culpa a Dios por sus males, se refleja en este texto, pues tiene un enfoque más específicamente en el impío o pecador.

Esto todavía es más profundo ya que muchas personas tienen el concepto equivocado de que a Dios no le interesa el mal de las personas o su sufrimiento. Por eso cuando ven a un drogadicto o a un borracho rápidamente apuntan contra Dios como que no se interesa por ellos. Lo cierto es que Dios siempre se va a preocupar no solo por su dolor, sino incluso por sus necesidades, como miraremos en el siguiente punto.

DIOS TE QUITARÁ EL SUFRIMIENTO LA MAYOR PARTE DE LAS VECES

El siguiente elemento dentro de la teología cristiana referente al sufrimiento es que Dios ha de quitar a sus hijos el dolor y el sufrimiento en la mayoría de los casos. Y se dice "en la mayoría", ya que algunos de los dolores y sufrimientos que lleva el hombre, tienen un propósito divino, como ya se ha mencionado anteriormente. De hecho, ese fue precisamente el ministerio de Cristo profetizado por Isaías y narrado por los evangelios. Lucas describe lo que Jesús dijo de sí mismo de la siguiente manera:

> "El Espíritu del Señor está sobre mí, por cuanto me ha ungido para dar buenas nuevas a los pobres; me ha enviado a sanar a los quebrantados de corazón; a pregonar libertad a los cautivos, y vista a los ciegos; a poner en libertad a los oprimidos; a predicar el año agradable del Señor" (Lucas 4. 18-19).

En este texto anunciado por el profeta Isaías muchos años antes de que Cristo viniera a la tierra y ratificado por el mismo Jesús cuando anduvo en este mundo, claramente se puede observar la misión que él tenía en su venida, el cual era aliviar el dolor humano. De hecho, esa fue prácticamente una de las actividades más fuertes que realizaba el

Señor. Aunque esto se estará mencionando más adelante, solo véase algunos textos al respecto:

> "Recorría Jesús todas las ciudades y aldeas, enseñando en las sinagogas de ellos, y predicando el evangelio del reino, y sanando toda enfermedad y toda dolencia en el pueblo. Y al ver las multitudes, tuvo compasión de ellas; porque estaban desamparadas y dispersas como ovejas que no tienen pastor" (Mateo 9. 35-36).

> "Y saliendo Jesús, vio una gran multitud, y tuvo compasión de ellos, y sanó a los que de ellos estaban enfermos" (Mateo 14. 14)

Claramente se observa en estos dos pasajes, —sin hablar de la multitud, que hay para mencionar, el trabajo sanador que hacía Jesús cuando vino a esta tierra. La gente se amotinaba por donde iba pasando él para recibir el alivio a sus dolores. Finalmente se debe decir, que el ministerio de los seguidores de Jesús fue precisamente hacer eso, "aliviar el dolor humano".

> "Sanad enfermos, limpiad leprosos, resucitad muertos, echad fuera demonios; de gracia recibisteis, dad de gracia" (Mateo 10. 8).

Entonces, cuando alguien sufre, debe de saber que no solamente Dios no quiere que el hombre sufra, sino que está dispuesto a quitar su dolor, cualquiera que este sea. Ya sea físico, emocional o espiritual. El Señor está dispuesto siempre.

DIOS PERMITE EL SUFRIMIENTO Y ACOMPAÑA EN EL PROCESO.

Entre todas las bendiciones que se reciben de Dios diariamente, la mejor de ellas es esta: cuando alguien sufre y se duele, o si está atravesando un valle en su vida o un desierto, Dios lo acompaña en el proceso. En otras palabras, Dios escolta al sufriente y no lo deja solo y mucho menos abandonado.

La compañía de Dios en los momentos de angustia es una de las cosas más hermosas que tiene el evangelio y uno de los beneficios extraordinarios que reciben los que le sirven. Solamente acuérdese de José, a quien ya mencionamos anteriormente. A este pobre muchacho le fue muy mal, pues fue vendido por sus hermanos, después de que intentaron matarlo. Le odiaban, le tenían envidia, sufrió mucho como esclavo, y pasó muchas otras cosas malas, pero dice el texto; "… pero Dios estaba con él…" (Hechos 7.9).

Dios nunca dejó solo a este muchacho en medio de su dolor y angustia, en medio de su soledad y tristeza; Dios siempre estaba con él y lo sabemos porque en cualquier escenario donde estuvo, Dios lo hizo prosperar (Génesis 39.3-5).

El estándar de Dios es el acompañamiento de sus siervos en todo momento, especialmente cuando estos sufren. Se puede decir sin equivocarse que, "En las buenas y en las malas, Dios está con el que le sirve". Acuérdese de Pablo mientras navegaba hacia Roma y todos sufrieron naufragio porque los atacó un huracán y así sufrieron por muchos días, y estuvieron a punto de morir; pero dijo Pablo con fe:

> "Pero ahora os exhorto a tener buen ánimo, pues no habrá ninguna pérdida de vida entre vosotros, sino solamente de la nave. Porque esta noche ha estado conmigo el ángel del Dios de quien soy y a quien sirvo, diciendo: Pablo, no temas; es necesario que comparezcas ante César; y he aquí, Dios te ha

concedido todos los que navegan contigo" (Hechos 27. 22-24).

Se puede observar el cuidado de Dios y el acompañamiento en un tiempo tan difícil para el apóstol Pablo y para los que con él viajaban. Dios los guardó en medio de la tormenta y los libró de perecer. Es precisamente eso lo que hará Dios con los que le sirven y creen en él, los acompañará en medio de la tormenta y los librará de sus tormentas personales, no importa que tan fuertes éstas sean.

Hay un mensaje muy hermoso registrado por el profeta Isaías en el capítulo 43 de su libro, sobre lo que se está mencionando. Este capítulo es el resultado del arrepentimiento del pueblo de Israel, estando cautivo en Babilonia, después de haber desobedecido a Dios; Dios los entregó a los babilonios, en esclavitud por sus pecados. Este capítulo marca una gran diferencia; ellos se han arrepentido y el tiempo de su restauración ha llegado. Aquí se puede observar que Dios le descubre su corazón a su pueblo y le da palabras de aliento, y le dice prácticamente; "Yo estoy contigo". Esta historia es fundamental, ya que Dios llevó a Israel por un proceso de formación para hacer de ellos, una gran nación. Sin embargo, eso tomó mucho tiempo y mucho dolor. Ellos estuvieron en cautiverio por setenta años, pero Dios no se había olvidado de ellos; y es interesante como les habla.

"Ahora, así dice Jehová, Creador tuyo, oh, Jacob, y Formador tuyo, oh, Israel: No temas, porque yo te redimí; te puse nombre, mío eres tú" (Isaías 43. I).

Estas palabras son interesantes ya que saca a relucir las dos personalidades de Israel. Al Jacob antiguo, y al Israel de Dios. La vida antigua y la nueva. A pesar de que han sufrido, no obstante, Dios le da palabra de ánimo a su pueblo. "No temas, porque Yo te redimí".

Lo primero que le dice Dios a su pueblo es que no tema, que no tenga miedo, porque él lo ha redimido. Este mensaje se transporta al hecho de que como estaban cautivos, no podían tener la libertad de hacer nada, pero Dios les dice "Yo soy tu redentor", en otras palabras, Dios pagó un precio por el rescate de su pueblo. Luego le dice; "Mío eres tú". Como Dios compró a Israel ahora le dice "mío eres tú" yo te redimí, yo te compré, ahora eres mi pueblo, eres mi propiedad y no de otro dueño. Dios cuida a los suyos y los protege. Además, se enfatiza que "Dios está con su pueblo". Aunque Israel ha sido llevado en cautiverio por su desobediencia, no obstante Dios no lo deja; está con él.

Es impresionante cómo un Dios tan bueno, puede estar con Israel, siendo que este le ha fallado. Por si esto fuera poco; Dios le plantea tres escenarios sobrenaturales para mostrar a su pueblo, que siempre va a estar con ellos. Estos tres escenarios no son ajenos ni desconocidos a Israel.

> "Cuando pases por las aguas, yo estaré contigo; y
> si por los ríos, no te anegarán. Cuando pases por
> el fuego, no te quemarás, ni la llama arderá en ti".
> (Isaías 43. 2)

Primeramente, le dice; *"Cuando pases por las aguas, yo estaré contigo"*. Esta es la primera promesa que Dios le hace a Israel; "estar con él en medio de las aguas". Dios abre el mar si es necesario con tal de salvar a sus hijos. En realidad, Dios le dice a su pueblo algo que ya conoce y le refresca la memoria. En Éxodo 14 se relata que Faraón seguía a Israel con 600 carros escogidos, todos los carros de Egipto, y todo su ejército v. 7-9. Y el pueblo de Israel tenía enfrente el mar rojo y a su espalda el faraón y su ejército, pero Moisés extendió su mano sobre el mar e hizo Jehová que el mar se retirase por viento recio y volvió el mar en seco y las aguas quedaron divididas, (v. 21) y el pueblo pasó en seco. Es que Dios abre camino donde no lo hay, porque Dios está siempre con su pueblo. Y así fue librado Israel de su enemigo que quedó sepultado entre las aguas al intentar alcanzarlo.

En segundo lugar, les dice; "*Y si por los ríos, no te anegarán*". La frase "no te anegaran" quiere decir no te mojaran, inundaran, empaparan, o ahogaran. Este segundo punto hace referencia a un hecho extraordinario que ellos también ya habían oído. El río Jordán era lo que estorbaba para llegar a la tierra prometida, y estaba desbordado. El pueblo estaba al lado del este y había que cruzarlo, pero no podían pues iba muy crecido y estaba muy grande y profundo. Eso era lo único que los estaba deteniendo, pero Dios también tiene poder para abrir los ríos y detener el agua.

En el libro de Josué cap. 3, se narra cómo Dios detuvo las aguas del Jordán para que entrasen a la tierra prometida. Cuando los sacerdotes pusieron sus pies en la orilla del rio, este se detuvo y se amontonó lejos de ellos y pasaron en tierra seca. Ellos vieron la gloria de Dios, porque los ríos no anegarán al pueblo de Dios.

Finalmente les dice Dios, "*Cuando pases por el fuego, no te quemarás, ni la llama arderá en ti*". Dios también tiene poder para proteger a sus hijos del fuego para que no se quemen. La mayoría conoce la historia de los jóvenes hebreos, amigos del profeta Daniel y cómo fueron librados del fuego (Daniel cap. 3). La historia bíblica dice que Sadrac, Mesac y Abed-Nego —que son los nombres que Nabucodonosor les dio, se negaron a adorar una estatua de oro que el rey de Babilonia levantó para que fuera adorada por todas las naciones y lenguas al toque de la música diseñada para ese fin.

Al negarse estos jóvenes violaron el edicto del rey y por lo tanto fueron arrojados al horno de fuego ardiendo y calentado siete veces más de lo acostumbrado para castigarlos. No se sabe si ellos ya habían oído las palabras de Isaías, pero es muy posible que hayan oído las palabras, "cuando pases por el fuego no te quemarás, ni la llama arderá en ti". Pues estos jóvenes fueron arrojados al fuego ardiendo y el fuego no les hizo ningún daño, es más, ni un cabello se les quemó, ni la ropa, pero sí las ligaduras con que estaban atados, y aun los que los arrojaron murieron quemados, y por si fuera poco. Dios mismo se presentó con ellos en medio del fuego. El mismo rey Nabucodonosor se asombró y preguntó cuántos habían sido arrojados, y le contestaron que tres, sin embargo, él y todos miraban a cuatro personas dentro del horno. Así fueron librados del fuego, porque "Cuando pases por el fuego, no te quemaras ni la llama no arderá en ti".

Estas poderosas historias reflejan el objetivo de este escrito. No importa que tan caliente esté el fuego, no te va a quemar. No importa que tan grande y furioso esté el mar, lo vas a cruzar y no importa que tan grande e impetuoso esté el rio, se va a abrir en el nombre del Señor. Dios siempre acompañará a sus hijos en medio del sufrimiento.

CUANDO ESTÉS SUFRIENDO, ÉL TE DARÁ LA FUERZA PARA PODER VENCER.

Finalmente, cuando los siervos de Dios están atravesando un proceso en sus vidas o experimentan momentos de dolor y sufrimiento, Dios les dará la fuerza necesaria para resistir y vencer. En este segmento se aprenderá que, aunque el proceso sea doloroso, Dios dará la fuerza para vencer.

El rey David es un ejemplo verdadero de alguien que aprendió a refugiarse completamente en Dios y a recurrir a él en medio de sus persecuciones y problemas de la vida. En el libro *Llamados a servir* se hacen las siguientes observaciones sobre lo que vivió David y como Dios lo ayudó a tener éxito en el proceso que Dios lo metió. Siendo todavía un jovencito de apenas unos dieciséis años, David fue seleccionado por Dios para tomar el lugar de Saúl y gobernar a Israel por cuarenta años. Este Joven era un pastor de las ovejas de su padre y tenía varios hermanos. Sin embargo, Dios lo seleccionó a él cuando el Rey Saúl se negó a obedecer lo que Dios le había mandado. Al negarse a obedecer a Dios, Saúl fue reemplazado por David. Las palabras de Juicio de Dios sobre el rey desobediente, marcó el carácter del futuro rey de Israel. "...Jehová se ha buscado un varón conforme a su corazón, al cual Jehová ha designado para que sea príncipe sobre su pueblo, ..." (I de Samuel 13: 14).

David fue ungido como rey por el profeta Samuel ya que esta era la forma que Dios había establecido para instalar a un líder en su posición. Pero esta ceremonia no fue ante miles de personas, ni hubo fiesta, sino todo lo contrario. Samuel lo ungió a escondidas y una vez terminado le dijo, "hasta la vista". David no supo más de este asunto, sino que se quedó solo con la unción y las palabras del profeta por mucho tiempo. ¿Cómo nos podemos imaginar esto? Bueno, en realidad David era el nuevo rey, pero tenía que pasar por un proceso muy largo y lleno de dificultades. Ese fue un tiempo de preparación.

David, fue ungido por el Señor para ser el siguiente rey de Israel, no obstante, pasaron unos trece años hasta que la palabra que recibió diera parcialmente su fruto, y se dice parcialmente, porque cuando fue nombrado rey, lo fue de Judá solamente. Recuerde que Judá representaba dos tribus de las doce, pero no era toda la nación de Israel. Pasarían otros siete años después para que fuera rey de todo Israel (2 Samuel 5:4-5). Es decir, pasaron veinte años desde que Samuel lo ungió para tomar posesión del reino.

El tiempo es muy significativo en la historia de David. Aunque ya Dios había desechado a Saúl, David necesitaba pasar por un proceso de formación que tomaría su tiempo. El segundo elemento en la formación de David fue el proceso que pasó. El camino hacia el trono que el Señor reservó para David no fue sencillo o llano. David tuvo que pasar muchos episodios tremendos en el proceso de formación. Veamos solo algunos:

Primero, enfrentó gigantes. Uno de ellos fue el temible Goliat. Esta victoria fue la que lo lanzó al campo de lo que sería su vida. La victoria contra Goliat le dio popularidad y la gente comenzó a mirarlo como alguien que podía ayudarlos a llevar a Israel a las victorias y conquistas. Luego, soportó malos tratos y engaños, ya que el rey Saúl lo despreció y tuvo celos de él. David esquivó las lanzas que le lanzaba el rey Saúl al estar sirviéndole.

Después, estuvo desterrado, olvidado y hasta se tuvo que hacer el loco en una ocasión para sobrevivir. (I Samuel 21: 12-15) Además, casi pierde a sus esposas estando en cautiverio. También, David tuvo que comenzar desde abajo. Siendo ya el ungido de Jehová y el futuro rey de Israel, no tenía nada. Ni palacio, ni siervos, ni dinero y mucho menos corona. David tuvo que comenzar desde abajo. Su palacio era una cueva, la cueva de Adulam (I de Samuel 22:1). El ejercito que traía era de gente del bajo mundo, como dice el texto explícitamente:

> "Y se juntaron con él todos los afligidos, y todo el que estaba endeudado, y todos los que se hallaban en amargura de espíritu, y fue hecho jefe de ellos; y tuvo consigo como cuatrocientos hombres. (I Samuel 22: 2).

Imagínese usted, es el ungido de Dios, el rey de Israel, y sin embargo no tiene nada. Finalmente, David tuvo que esperar mucho tiempo. Cada vez que David se acercaba al cumplimiento de lo que Dios le había prometido, algo sucedía para que no se cumpliera la palabra del Todopoderoso. Al menos no en el tiempo que David seguramente esperaba. A pesar de la larga espera, David jamás se quejó del Señor, por el contrario, se mantuvo creyendo en sus promesas.

Imagine por un momento los pensamientos que pudo haber tenido David,[92] con tanto problema, persecución y dolor, pero fue perseverante. El ejemplo de David claramente enseña que Dios pasa a sus siervos por el dolor, el trabajo, el sufrimiento entre muchas adversidades, pero el le dará la fuerza para llegar a donde Dios le ha señalado. Dios siempre le dará la fuerza para vencer.

---

[92] Roberto Tinoco, *Llamados a servir: una guía bíblica para desarrollar el ministerio cristiano* (Bloomington, IN: WestBow Press, 2020) 63-68.

Capítulo 9

JESÚS LLEVÓ EL SUFRIMIENTO HUMANO

Ciertamente llevó él nuestras enfermedades, y sufrió nuestros dolores;
y nosotros le tuvimos por azotado, por herido de Dios y abatido.
Isaías 53. 4

Hasta este punto se ha dicho mucho en referencia al sufrimiento de los seres humanos, su propósito y algunas de las fuentes del sufrimiento, no obstante, en este capítulo se analizará de forma más directa, el hecho de que el sufrimiento no hace diferencia entre una persona y otra. En este caso, no solamente sufren los mortales, sino también sufre la Divinidad. Es decir, Dios sufre, porque sus criaturas sufren. En este capítulo se enfatizará el sufrimiento que Cristo llevó estando en esta tierra, así como sus repercusiones teológicas para los seres humanos en general.

PROFECÍA DEL SUFRIMIENTO DEL MESÍAS

En una revelación monumental y que hace una referencia muy clara al Señor Jesús —aunque algunos lo nieguen, es la descripción del profeta

Isaías en el capítulo 53 de su libro. En ese libro el profeta describe con lujo de detalles, no solo la forma que ha de sufrir el Mesías, sino el propósito de su sufrimiento.

En el verso 1 el profeta se pregunta a sí mismo, ¿Quién ha creído a nuestro anuncio? ¿Y sobre quien se ha manifestado el brazo de Jehová? Estas palabras manifiestan claramente lo que se estaba viviendo en su tiempo, en el cual la nación de Israel se había hecho ciega para no ver y sorda para no oír la palabra de Dios. El tiempo era propicio para sacar a relucir no solo la ignorancia sino la apatía al mensaje verdadero de Dios.

Luego en el verso 2 sigue diciendo el profeta:

"Subirá cual renuevo delante de él, y como raíz de tierra seca; no hay parecer en él, ni hermosura; le veremos, más sin atractivo para que le deseemos" (Isaías 53.2).

En este verso describe cómo ha de subir a la tierra, como raíz seca, sin parecer, ni hermosura, sin atractivo alguno como para ser deseado. En una clara alusión a su condición en la cual ha de surgir de la nada, y así ha de concluir, como nada para ser deseado. En otras palabras, los que le deberían ver, conocer y desear, no se darían cuenta en realidad, que pasó entre ellos.

Luego, el verso 3 va más directo a lo que la iglesia ya sabe, pero la sociedad de Isaías no lo sabía, y mucho menos la sociedad del tiempo de Jesús.[93] Para ser exacto muy pocos entendieron al principio el verso 3 que dice

---

[93] La razón que la Sociedad del tiempo de Jesús no entendió que Jesucristo era el Mesías que había de venir, requiere un estudio por separado, sin embargo, es justo decir que la mayoría no lo conocieron, pues si no, no lo hubieran crucificado. Se debe entender que su conocimiento estaba oculto para que se cumpliera la profecía que el Cristo debería morir por lo pecados del mundo.

"Despreciado y desechado entre los hombres, varón
de dolores, experimentado en quebranto; y como que
escondimos de él el rostro, fue menospreciado, y no
lo estimamos" (Isaías 53. 3).

Este verso describe con lujo de detalles cómo habría de sufrir el
Mesías y cuál iba a ser su condición como individuo en esta tierra.
Seria despreciado y desechado por lo hombres. Entonces, no solo
los seguidores de Jesús serian desechados y sufrirían como ya se dijo
en un capítulo anterior. Aquí el ser más importante y fundamental
de todo, también tiene que vivirlo en carne propia. De allí, que Él
entiende el sufrimiento humano, porque Él mismo lo vivió.

El Mesías sufriría el rechazo y el desprecio. Además, sería
considerado un varón de dolores, experimentado en quebranto. Esto
quiere decir que su vida sería eso, dolor y sufrimiento. Se graduaría
de la escuela del quebranto, por todo lo que le pasaría, y aun así sería
menospreciado, no estimado y la gente le voltearía el rostro para no
verlo.

Luego Isaías dice en el verso 4,

"Ciertamente llevó él nuestras enfermedades, y sufrió
nuestros dolores; y nosotros le tuvimos por azotado,
por herido de Dios y abatido" (Isaías 53.4).

Aquí se torna todo el dolor del Mesías en torno a otros. En otras
palabras, está sufriendo por otros, no solo sufre él, sino que sufre en
lugar de otros. En ese sufrimiento está cargando con las enfermedades
de otras personas, está cargando con los dolores de otras personas,
está cargando con los males de los demás.

Después enfatiza el profeta en el verso 5.

"Mas él herido fue por nuestras rebeliones, molido
por nuestros pecados; el castigo de nuestra paz fue

sobre él, y por su llaga fuimos nosotros curados"
(Isaías 53.5).

En este verso se revela lo que es verdaderamente el propósito de
su sufrimiento. El Mesías sería herido, molido y castigado por los
malos y los pecadores y estos últimos, serían curados de sus males.
El siguiente verso no está lejos de su propósito también, pues enfatiza
directamente a la condición humana y cómo Dios ha de llevar en sí
mismo el pecado de todos los hombres.

> "Todos nosotros nos descarriamos como ovejas, cada
> cual se apartó por su camino; más Jehová cargó en él
> el pecado de todos nosotros" (Isaías 53.6).

El verso 7 le pone la cereza al pastel mencionando lo que viviría
el Mesías en esta tierra.

> "Angustiado él, y afligido, no abrió su boca; como
> cordero fue llevado al matadero; y como oveja
> delante de sus trasquiladores, enmudeció, y no abrió
> su boca" (Isaías 53.7).

Finalmente —al menos en el enfoque de esta obra, cierra el
profeta su mensaje enfatizando el remplazo que haría el Mesías por
aquellos que tanto amaba, los de su pueblo.

> "Por cárcel y por juicio fue quitado; y su generación,
> ¿quién la contará? Porque fue cortado de la tierra
> de los vivientes, y por la rebelión de mi pueblo fue
> herido". (Isaías 53. 8).

Entonces, este relato realza de una manera dramática los sufrimientos del Mesías. Pero surge la pregunta del millón de dólares, ¿a quién se refiere el profeta? ¿Quién es el Mesías sufriente?

LA IDENTIDAD DEL MESÍAS

El presente segmento tiene la finalidad de identificar al Mesías y su relación con el sufrimiento humano. Este punto no pretende desviar la atención del tema a una postura teológica, sino más bien enfatizar que aquel que vino a este mundo conocía muy bien el dolor de los humanos y haría todo lo posible por liberarlos de sus padecimientos.

En el libro referido a *La doctrina apostólica* se define de manera contundente quien era este Mesías anunciado por el profeta Isaías y manifestado en su tiempo en la persona de Jesucristo. El Mesías sufriente es Jesús de Nazaret.[94]

Para llegar a esta conclusión, hay que comenzar preguntando, ¿Quién es Jesús? Esta es la pregunta más importante de todos los tiempos y que ha puesto en jaque a la gran mayoría de los cristianos. ¿Quién es Jesús? es una interrogante que mucha gente se ha hecho y Jesús mismo se lo preguntó a sus discípulos: "¿Quién dicen los hombres que es el Hijo del Hombre?" (Mateo 16.13) Esta pregunta resalta el hecho de que a Jesús le interesaba saber qué pensaban sus discípulos acerca de él. "Ellos dijeron: Unos, Juan el Bautista; otros, Elías; y otros, Jeremías, o alguno de los profetas." (Mateo 16.14).

Una de las primeras declaraciones de Jesús sobre su persona e identidad es la afirmación que hace el apóstol Pedro en su respuesta a la pregunta de Jesús. ¿Quién dicen ustedes que soy Yo?, y Pedro le contesta: "Tú eres el Cristo, el hijo del Dios viviente" Y Jesús confirma esa afirmación, diciendo: "Bienaventurado eres, Simón, hijo de Jonás, porque no te lo reveló carne ni sangre, sino mi Padre que está en los cielos." (Mateo 16.16-17)

---

[94] Roberto Tinoco, *La doctrina apostólica: una guía bíblica para nuevos creyentes*, (Bloomington, IN: WestBow Press, 2021).

De acuerdo con este texto, Jesús es el Cristo, el hijo del Dios viviente. Ahora bien, "El Cristo" en griego, pero "Mesías" en hebreo, (ambos traducen mesías como "el ungido") era precisamente a quien los judíos estaban esperando. Esto lo vemos bien marcado en el encuentro de Jesús con los primeros discípulos.

El primer incidente lo vemos, cuando Andrés le testifica a Pedro referente a Jesús y le dice: "...Hemos hallado al Mesías (que traducido es, el Cristo)." (Juan 1.41) En este pasaje claramente se deja ver no solo lo que se está diciendo, sino que también la traducción del hebreo al griego. Mesías-Cristo es el mismo título dado a Jesús por estos primeros discípulos. Jesús es el ungido de Dios que había de venir a este mundo.

En el mismo capítulo 1 de Juan versos 43-49 sucede otro incidente cuando Jesús halla a Felipe y le pide que lo siga. Este mismo Felipe halla a Natanael y le dice casi las mismas palabras mencionadas por Andrés a Pedro

"...Hemos hallado a aquél de quien escribió Moisés
en la ley, así como los profetas: a Jesús, el hijo de José,
de Nazaret." (Juan 1: 45)

Notemos aquí la revelación de sus palabras. Habían hallado a aquel de quien Moisés y los profetas habían escrito; pero no solamente eso, sino que ya lo habían identificado: era Jesús el hijo de José, el carpintero.

Otro incidente se lleva a cabo en el mismo capítulo 1 de Juan versos 47-49. Este se da cuando Felipe trae a Natanael delante de Jesús y el Maestro lo halaga por ser un verdadero Israelita en el cual no hay engaño; a lo que sorprendido Natanael le pregunta ¿de dónde me conoces? En el mismo texto Jesús le revela que antes que Felipe lo llamara, ya Jesús lo había visto debajo de una higuera. Esta palabra fue muy fuerte para Natanael, ya que pudo ver que Jesús, —aunque no estaba presente cuando Felipe lo llamó— ya lo había visto debajo de la higuera. Por eso culmina el incidente con la siguiente exclamación por parte de Natanael:

> "... Rabí, tú eres el Hijo de Dios; tú eres el Rey de Israel." (Juan 1.49)

Nótese aquí que aquel verdadero Israelita en quien no hay engaño exclama dos palabras con inclusión profética: "Tu eres el hijo de Dios", "Tu eres el Rey de Israel". Estos dos términos los analizaremos más adelante, pero baste por ahora decir que El Mesías-Cristo es precisamente el Rey de Israel.

Por último, la Biblia registra otro acontecimiento revelador y este se manifiesta en otro contexto; es decir, en la conversación de Jesús con la mujer samaritana, (Juan 4: 5-42). En este incidente, Jesús entra en un intercambio de palabras con esta mujer al pedirle agua para beber y sobre la verdadera adoración la cual debe ser dada según Jesús, en espíritu y en verdad. Esta conversación ocasiona, que aquella mujer manifestara lo que los israelitas sabían muy bien, referente a la venida del Mesías a este mundo.

> "...Sé que ha de venir el Mesías, llamado el Cristo; cuando él venga nos declarará todas las cosas (Juan 4.25).

Se puede apreciar que la mujer menciona dos cosas importantes; Ellos estaban esperando que viniera el Mesías o Cristo y él tendría todas las respuestas. Entonces, Jesús le dijo: *"Yo soy, el que habla contigo"*. (Juan 4. 26)

Aquí Jesús abiertamente se declara el Cristo o el Ungido de Dios que había de venir al mundo. El ungido de Dios era aquella manifestación de Dios en carne por medio de la cual Dios liberaría a su pueblo del pecado y de sus dolores.

Entonces, la profecía del profeta Isaías tiene su estricto

cumplimiento en la persona de Jesucristo. Jesús vendría a este mundo y con él traería no solo la paz, sino también la salvación a toda la humanidad. Sin embargo, uno de los beneficios temporales que recibió la humanidad con la venida de Cristo a esta tierra fue precisamente la solución de todos los problemas que el ser humano puede tener. Uno de ellos fue la liberación de los padecimientos y sufrimientos de los seres humanos.

El siguiente segmento encierra dos puntos fundamentales de esta obra y el enfoque que este trabajo pretende lograr en todos aquellos que sufren en la vida y que puedan tener preguntas de porqué sufren o están sufriendo en este momento o en algún momento de sus vidas. Estos dos elementos son, el sufrimiento del Mesías como persona y la liberación del sufrimiento del ser humano por ese sacrificio del Mesías.

LOS SUFRIMIENTOS DE CRISTO

Enfatizamos de una manera más directa los sufrimientos de Cristo. La razón para incluir este fragmento en este capítulo es para que el lector se dé cuenta que nadie se escapa del sufrimiento en esta vida, ni aun el Mesías. No obstante, en este caso, los sufrimientos del Jesús tienen un propósito específico.

Cuando hablamos del sufrimiento humano, se debe decir que Jesús sufrió mucho desde que vino a este mundo, hasta que murió en la cruz. Siendo el Dios humanado —hecho carne, vino a este mundo solo a sufrir. Desde que fue engendrado en el vientre de María comenzó su sufrimiento, ya que la gente de aquel entonces no comprendió y mucho menos entendió a aquella mujer que había quedado embarazada sin haber estado con un hombre. Así que, su nacimiento no fue bien recibido y mucho menos anunciado con trompeta, por el contrario, nació como una persona humilde y pobre que ni siquiera pudo nacer en una casa como cualquier otro niño judío. ¡No!

Él nació en un establo y fue puesto en un pesebre. Nadie lo esperaba, salvo aquellos que Dios envió directo a recibirlo, como los magos del oriente y los pastorcillos. Todos ellos fueron guiados por Dios para darle la bienvenida al Mesías, menos los judíos —aquellos a los que vino a salvar. Además, tendría que huir siendo un niño a Egipto para escapar de la muerte, ya que Herodes lo quería matar, por miedo a que le arrebatara el trono. Entonces, su nacimiento estaría marcado por el sufrimiento. Luego qué diremos de su familia, amigos y la comunidad donde creció. El común denominador fue "no creían en él". Por mucho poder que tuviera, y por muchas señales que hiciera, la gente no creía en él. De hecho, tuvo que irse de su propia tierra para otra ciudad porque en su propia aldea no creían en él. ¿Y qué se puede decir de sus mismos discípulos? El Maestro tuvo que batallar bastante con ellos para que creyeran en él, y, aun así, uno de ellos lo negó y otro lo traicionó. Fue vendido como mercancía por treinta monedas de plata y tuvo que sufrir la afrenta delante de sus seguidores. Es por eso, que se deduce que toda su vida fue un sufrimiento, pero con el gozo de obedecer a su Padre.

Jesús sufrió mucho antes y durante la crucifixión, ya que fue rechazado como Mesías por los judíos, luego fue acusado de blasfemia al decir que él era el Cristo. Fue Juzgado por el Sanedrín —la suprema corte de los judíos, y declarado culpable. Con esto sería llevado para ser juzgado por el gobernador Poncio Pilato, quien no encontraría nada para condenarlo, pero aun así lo mandó azotar para después soltarlo. La verdad es que los judíos no aceptarían que Pilatos lo soltara y seguirían el camino para quitarle la vida.

Finalmente sería declarado reo de muerte por Pilatos y entregado para la crucifixión. De acuerdo con Josh McDowell en su libro, *"Evidencia que exige un veredicto"*,[95] el criminal enjuiciado generalmente era antes despojado a la fuerza de sus ropas, luego era atado a un

---

[95] Josh McDowell, *Evidencia que exige un veredicto*, (Deerfield, FL: Editorial Vida, 1993).

poste o pilar en el tribunal. Entonces los terribles y crueles azotes eran administrados por los lictores o verdugos. Hay que tener en cuenta que la forma judía de castigar era dando cuarenta azotes menos uno, o sea treinta y nueve —como ya se mencionó, y ya no podían dar más, pero los romanos no conocían ni obedecían esta ley. Dice McDowell, Ellos no colocaban tales limitaciones y la víctima estaba a su merced. Es además terrible conocer que el brutal instrumento que se usaba para golpear a la víctima se llamaba "Flagrum". Este era un látigo, que tenía un palo para agarrarse y de él se desprendían tiras de cuero que en la punta tenían atados pedazos de hueso o metal. Así castigaron a Cristo hasta el cansancio, quedando su cuerpo completamente desgarrado. Además, cuando le golpeaban le decían: profetízanos, Cristo, quien fue el que te pegó, solamente para burlarse de él, y además le colocaron una corona de espinas en su frente, ya que la acusación es que había dicho que era el rey de los judíos (Mr. 15:16-20).

Finalmente, le hicieron además cargar su propia cruz por la vía dolorosa o sea el camino del sufrimiento. Quizás en una nota romántica, se puede observar que la palabra de Dios se cumplió al pie de la letra, pues sufrió el desprecio de su pueblo. Es indudable que allí estaban todos aquellos que habían recibido milagros, o que lo habían visto sanar a los enfermos, todos los que habían oído sus palabras a favor de ellos, pero ahora escupían en tierra y movían la cabeza, lamentándose.

El método que los Romanos utilizaron para ejecutar a Jesús fue sin lugar a duda la cruz. La cruz era una de las formas más dolorosas y humillantes del mundo antiguo para ejecutar la pena máxima. Originalmente la cruz se empezó a usar para exhibir las cabezas de los enemigos capturados o de criminales atroces, en las palizadas sobre la entada de una ciudad. Mas tarde la crucifixión se comenzó a usar como la forma del castigo máximo. Los griegos y romanos, solo reservaban este castigo para los esclavos, justificando al decir que era muy bárbaro para ciudadanos y libertos, de acuerdo con la ley judía (Dt. 21:22-23)

Los malhechores eran colgados sobre un madero, lo cual significaba que eran "los malditos de Dios" y se consideraban fuera del pacto. Tales criminales tenían que ser quitados de la cruz antes del anochecer para que no "contaminasen la tierra".

En los tiempos de Jesús, el que iba a ser crucificado, primero era azotado o por lo menos esto ocurría hasta que la sangre del condenado empezara a verter. Este no era hecho por crueldad del castigo, sino más bien estaba designado para apresurar la muerte y hacer más leve el mismo. Después del azotamiento la víctima era obligada a cargar con el madero, hasta el sitio de la ejecución, para hacerle saber que su vida ya estaba acabada y también para quebrantarle el deseo de vivir. Usualmente una tabla era colocada en su cuello describiendo el o los crímenes que había hecho y después era clavada en la cruz. Ya en el sitio de la ejecución, el condenado era atado o clavado a la cruz con unos clavos grandes que atravesaban las manos, y después era levantado en forma vertical. Por último, se le clavaban los pies al poste. La muerte era causada por la falta de circulación sanguínea y de un infarto al corazón, y si las víctimas estaban atadas solamente tomaba días de agonizante dolor, mientras que las extremidades se volvían gangrenosas. De manera que los soldados quebraban las piernas de la víctima con un mazo, lo cual causaba un shock masivo y una muerte rápida. Tales muertes ocurrían en lugares públicos y el cuerpo se dejaba pudriendo por días hasta que las aves de rapiña degradaban el estado del cuerpo. Finalmente, el tiempo que Jesús duró clavado en la cruz fue muy corto. Jesús fue crucificado a la hora tercera del día, —9:00am— y murió hasta la hora novena —3:00pm— (Lucas 23:26-49 y Juan 19:17-37). El autor de la vida murió por manos de aquellos a los que les dio la misma vida.

Desafortunadamente hay quienes no entienden por qué Jesús murió en la cruz o cuales son las repercusiones teológicas de la misma.

La muerte de Cristo ocupa un lugar supremo en el cristianismo por la importancia que tiene. De hecho, el cristianismo es la única religión donde su líder muere por su pueblo. Otras denominaciones han experimentado la muerte de sus lideres, pero ninguno de ellos mencionó el porqué de su muerte como Jesús lo hizo. Jesús dijo: *"Yo soy el buen pastor; el buen pastor su vida da por las ovejas"* (Juan 10: 11).

Además, ocupa un lugar de importancia por su objetivo. Cristo no fue principalmente un maestro religioso, filántropo, o un buen hombre solamente. Él fue el Salvador y Redentor del mundo. La importancia de Cristo estuvo principalmente en su muerte, en la que se reconcilió a Dios con el hombre. Jesús dijo:

"Y como Moisés levantó la serpiente en el desierto,
así es necesario que el Hijo del Hombre sea levantado,
para que todo aquel que en él cree, no se pierda, más
tenga vida eterna" (Juan 3: 14-15).

El propósito de la encarnación fue la expiación. Jesucristo tomó sangre y carne para poder morir (Hebreos 2:14). "El apareció para quitar nuestros pecados" (1 Juan 3:5). Cristo vino a este mundo a dar su vida en rescate por muchos (Mateo 20:28). La expiación surge naturalmente de la encarnación, y ésta es la anticipación y la garantía de la obra de expiación.

Además, la expiación es prominente en las escrituras. Por ejemplo, en la conversación que tuvo con los dos discípulos en el camino a Emmaús, Jesucristo declaró que Moisés y todos los profetas —en realidad, todas las escrituras hablaron de su muerte (Lucas 24:27, 40).

Se dice que de cada 44 versículos del Nuevo Testamento uno trata de este asunto, y que la muerte de Cristo se menciona en total ciento setenta y cinco veces. A los dos discípulos que iban a Emaús y Jesús los acompañó les dijo:

"comenzando desde Moisés, y siguiendo por todos los profetas, les declaraba en todas las Escrituras lo que de él decían" (Lucas 24: 27).

Finalmente, la muerte de Cristo es el tema fundamental del Evangelio. Pablo dice:

"Porque primeramente os he enseñado lo que asimismo recibí: Que Cristo murió por nuestros pecados, conforme a las Escrituras; y que fue sepultado, y que resucitó al tercer día, conforme a las Escrituras" (1 Corintios 15:3-4).

La historia, mensaje y predicación del evangelio no puede subsistir sin la historia de la muerte de Cristo como Redentor de los hombres. Si Cristo no hubiera muerto, nosotros no tendríamos por qué predicar. Los sufrimientos de Cristo manifiestan claramente lo que hay en el corazón de Dios referente a la miseria y el dolor humano. Sencillamente Dios no quiere que el hombre sufra y él hará todo lo posible para librarlo del mismo, aunque con todo y ello tenga que sufrir él mismo.

JESÚS SE LLEVÓ EL SUFRIMIENTO Y TRAJO SANIDAD

Por último, se debe mencionar que, si Jesús sufrió, ¿quién es el hombre para que pueda escapar del sufrimiento que se vive en este mundo? Obviamente hay que mencionar nuevamente que nadie está buscando el tener que pasar por una situación de dolor, sino más bien que, si Jesús lo vivió, lo más probable es que uno también lo experimente. En otras palabras, siendo quien era Jesús y teniendo el poder que tenía, pasó por momentos de dolor terribles. Entonces, no hay duda de que nadie estará exento de padecer también. De hecho, cuando Jesús les habló de lo que le iban a hacer en relación con ellos, les dijo: "Porque si en el árbol verde hacen estas cosas, en el seco, ¿qué no se hará?" (Lucas 23. 31). No obstante, el no solo sufrió por haber venido a este mundo, sino que lo hizo para llevar el sufrimiento de todos los seres humanos y mayormente de aquellos que creen en él. En su sufrimiento estos últimos tuvieron el alivio de sus males.

Jesús vino a este mundo para traer el remedio al dolor humano. Apenas comenzó su ministerio se dedicó a traer alivio para todos aquellos que sufrían. De todos los lugares iban a buscar a Jesús en busca de un milagro y de una palabra que calmara sus ansiedades. No había limitación alguna para ningún mal o necesidad. Los evangelios narran con lujo de detalle cómo el Señor se dedicó a aliviar los males de aquella pobre gente que sufría en todas las áreas de la vida. La sociedad a la cual Jesús le predicaba el evangelio era muy pobre y tenía muchas carencias, además de que era muy sufrida. Esta era una sociedad agrícola, la cual era oprimida de muchas maneras, la mayor de ellas era la económica. La gente se dedicaba a trabajar duramente para poder subsistir. Los únicos que vivían bien era la pequeña elite del lugar. Sin embargo, el resto del pueblo se las tenía que buscar con un trabajo duro. Los campesinos tenían que acomodarse al sistema establecido para mantener a la elite, la cual consistía en el imperio romano, luego el sistema religioso y finalmente los diezmos que les exigían.

José Antonio Pagola describe con lujo de detalles lo que sufrían estas comunidades para sostenerse. Él dice:

> Uno de los rasgos más característicos de las sociedades agrícolas del imperio romano era la enorme desigualdad de recursos que existía entre la gran mayoría de la población campesina y la pequeña elite que vivía en esas ciudades. Respecto a Galilea, que era donde Jesús ministraba, agrega que

eran los campesinos de las aldeas quienes sostenían la economía del país. Ellos tenían que trabajar la tierra para mantener a los dirigentes. Luego agrega que las elites utilizaban diferentes mecanismos para controlar lo que se producía en el campo. De allí que el pobre pueblo tenía que cumplir con los tributos, las tasas, los impuestos y por supuesto, los diezmos.[96]

Entonces, se puede apreciar que la gente del tiempo de Jesús batallaba bastante para poder subsistir, en medio de una sociedad que los explotaba terriblemente. Por eso el Señor, en más de una vez les recriminó a los religiosos su falta de consideración al sufrimiento del pueblo. Un ejemplo de ello era el famoso "Corban" que era una contribución adicional que le quitaba lo poco que se le podía ayudar a un padre de familia. Luego agrega Pagola de una manera enfática,

> "Los campesinos de Galilea pudieron comprobar que Jesús, lleno del Espíritu de Dios, recorría las aldeas curando enfermos, expulsando demonios, y liberando a las gentes del mal, la indignidad y la exclusión".

Y resalta,

> "La misericordia de Dios no es una bella teoría sugerida" "es una realidad fascinante; junto a Jesús los enfermos recuperaban la salud, los poseídos por el demonio eran rescatados de sus tinieblas. Luego eran integrados a un nueva sociedad sana y fraterna, mejor encaminada a la plenitud del reino de Dios". Luego sigue diciendo, "Jesús seguía sorprendiendo a

---

[96] José Antonio Pagola, *Jesús aproximación histórica*, (Madrid ES: Editorial PPC, 2013)33-35.

Roberto Tinoco

todos: Dios está llegando, pero no como el Dios de los justos, sino como el Dios de los que sufren".[97]

En efecto, Dios es el Dios de los que sufren, de los que lloran. Aquellos que en un momento determinado de sus vidas estén atravesando el dolor, ellos deben de saber que Dios no los ha olvidado y mucho menos los ha abandonado. Esa fue la razón por la cual Cristo vino a la tierra. Para mostrarle de una manera contundente a todos los seres humanos que el Señor no se olvida de la miseria humana y mucho menos se hace el desentendido. Por el contrario, Jesús todavía dice: *"Venid a mí todos los que estáis trabajados y cargados, y yo os haré descansar"* (Mateo 11.28).

Al observar el ministerio de Jesús y los apóstoles, es evidente que la sanidad divina no era algo de poca importancia. Era un testimonio importante de que Jesús era la revelación del Padre, el Mesías prometido, y el Salvador del mundo (Juan 10:37,38). La Biblia muestra una conexión cercana entre el ministerio de sanidad de Jesús y su ministerio de salvación y perdón. Su poder para sanar realmente era un testimonio de su autoridad para perdonar pecados (Marcos 2:5-12). Una y otra vez sus milagros de sanidad eran paralelos a sus predicaciones del evangelio y mostraban la misma compasión (Mateo 4:23; 9:35,36).

La gente venía de todas partes tanto para escucharlo como para ser sanadas (Lucas 5:15; 6:17,18). Él nunca los rechazó, sino que sanaba a todos los que se le acercaban (Mateo 12:15; 14:14), sanando toda clase de enfermedades, deformidades, defectos, y heridas (Mateo 15:30,31; 21:14). Él también liberaba a las personas poseídas por demonios y de los problemas que éstos causaban (Mateo 4:24).

Jesús reconoció que la enfermedad frecuentemente era el resultado del pecado (Juan 5:14) o de la actividad de Satanás (Lucas 13:16). Sin embargo, Él también reconoció que la enfermedad no siempre era el

[97] Ibid. 165.

resultado directo del pecado (Juan 9:2,3). Había situaciones en que simplemente era una oportunidad para glorificar a Dios (Marcos 2:12).

Los milagros de sanidad eran una parte importante de la obra que Dios quería que Jesús hiciera (Juan 9:3,4). Esto está de acuerdo con la revelación del Antiguo Testamento que muestra a Dios como el Gran Médico, Jehová el sanador (Éxodo 15:26; Salmos 103:3, los participios hebreos usados en los dos casos indica que sanar era la naturaleza de Dios). Jesús mostró que la sanidad divina es todavía una parte vital de la naturaleza y plan de Dios.

Las sanidades también ayudaban a identificar a Jesús como el Mesías y Salvador prometido. Como el Gran Médico, Jesús cumplió la profecía de Isaías 53:4, que en el hebreo es muy enfático: "Ciertamente llevó [levantó – quitó] él nuestras enfermedades, y sufrió [como una carga pesada] nuestros dolores" ("enfermedades" es la misma palabra usada para describir la enfermedad física en 2 Crónicas 16:12; 21:15,18,19; Isaías 38:9. "Dolores" es la misma palabra usada para el dolor físico en Job 33:19.) Mateo aplica esto específicamente al ministerio de sanidad de Jesús: "El mismo tomó nuestras enfermedades, y llevó nuestras dolencias" (Mateo 8:17). Isaías conecta esto con el ministerio de salvación de Jesús (Isaías 53:5). Sus sufrimientos fueron por nuestros pecados y luego dirigían a nuestra paz con Dios: *"Por su llaga fuimos nosotros curados y su sanidad vino a nosotros".*

La sanidad divina siguió siendo una parte integral del evangelio durante el ministerio de los apóstoles y la iglesia primitiva. Jesús mandó a los Doce discípulos y a los Setenta a predicar y sanar a los enfermos (Lucas 9:2; 10:9). Después de Pentecostés "muchas maravillas y señales eran hechas por los apóstoles" (Hechos 2:43). Lucas trata el libro de los Hechos como una extensión de lo que Jesús hacía y enseñaba, no sólo como apóstoles sino también como una iglesia llena del Espíritu Santo (Hechos 1:1,8; 2:4). Los milagros, sin embargo, no estaban limitados a los apóstoles. La promesa de Jesús era para todos los creyentes (Juan 14:12-14) que pedirían en su nombre (es decir, los que reconocían su autoridad, sometiéndose a su naturaleza y sus propósitos).

Dios usó a diáconos como Felipe para predicar y sanar (Hechos 8:5-7), y un discípulo poco conocido, Ananías, para sanar a Saulo (Pablo) (Hechos 9:12-18). Marcos apoya la sanidad en el ministerio de los creyentes (Marcos 6:13, 9:38,39; 16:15-18).

Los dones de sanidad están incluidos en las manifestaciones del Espíritu con el propósito de edificar o animar la iglesia (I Corintios 12:7) y están conectados con el testimonio de Jesucristo como Señor (I Corintios 12:3). Finalmente, la sanidad divina es un regalo de Dios para su iglesia, como bien lo describió el apóstol Santiago:

> "Está alguno enfermo entre vosotros? Llame a los ancianos de la iglesia, y oren por él, ungiéndole con aceite en el nombre del Señor. Y la oración de fe salvará al enfermo, y el Señor lo levantará; y si hubiere cometido pecados, le serán perdonados" (Santiago 5: 14-15).

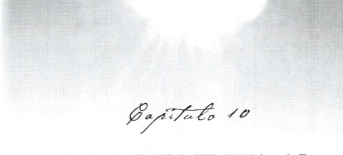

Capítulo 10

LA RESPUESTA AL
SUFRIMIENTO

*Pacientemente esperé a Jehová, y se inclinó a mí, y oyó mi
clamor. Y me hizo sacar del pozo de la desesperación, del lodo
cenagoso; puso mis pies sobre peña, y enderezó mis pasos.*
Salmos 40. 1-2

Las personas en ocasiones pueden responder al sufrimiento con enojo, resentimiento y rencor, incluso hasta pueden amargarse la vida; pero los que conocen a Dios hacen todo lo contrario. De hecho, los que creen en el Señor reaccionan de manera muy distinta a lo que muchas personas pudieran hacer. Ellos no perderán lo que son y mucho menos serán afectados espiritualmente, todo lo contrario, aunque sea difícil de llevar, el dolor los hará más fuertes.

En este capítulo se analizará que el sufrimiento no puede robarle el gozo al hijo de Dios, tampoco le puede arrebatar la fe y mucho menos la confianza en Dios. Finalmente se estudiará cómo el sufrimiento puede ayudar a fortalecer la confianza, paciencia y sobre todo aceptar la voluntad de Dios.

Roberto Tinoco

EN MEDIO DEL SUFRIMIENTO, HAY QUE MANTENER EL GOZO DEL SEÑOR

El gozo del Señor es una de las características de una persona que conoce a Dios. En realidad, se espera de una persona que ha sido transformada por el Señor y llena del Espíritu Santo que tenga el gozo del Señor permanentemente en ella. El gozo es la cualidad de poder sentirse feliz aun en medio de situaciones adversas de la vida. Además, una de las fortalezas del hijo de Dios es el gozo del Señor el cual le provee fuerza, valor y le permite vivir bien todos los días de su vida. No obstante, este puede ser amenazado cuando se pasa por problemas en la vida o por situaciones intensas de dolor.

En las sagradas escrituras tenemos un ejemplo poderoso de alguien que no perdió el gozo del Señor a pesar de las circunstancias que estaba viviendo; fue el profeta Habacuc. De hecho, uno de los pasajes que ha hecho historia es el que dijo:

> "Aunque la higuera no florezca, Ni en las vides haya frutos, Aunque falte el producto del olivo, Y los labrados no den mantenimiento, Y las ovejas sean quitadas de la majada, Y no haya vacas en los corrales; Con todo, yo me alegraré en Jehová, Y me gozaré en el Dios de mi salvación. Jehová el Señor es mi fortaleza, El cual hace mis pies como de ciervas, Y en mis alturas me hace andar." (Habacuc 3: 17-19)

El libro del profeta Habacuc pertenece a una era turbulenta en la historia antigua del pueblo del Señor, en la que el control de poder estaba pasando de Asiria a Babilonia. La dominación Asiria terminó cuando el ejército invasor babilónico destruyó Nínive en el 612 a.C. Menos de veinte años después que Habacuc escribiera este libro, los babilonios destruyeron también a Jerusalén y se llevaron cautivos a los principales ciudadanos de Judá. Dios utilizó a esta nación pagana para castigar la infidelidad y la idolatría del pueblo de Dios. En medio de tanto sufrimiento que estaba viviendo el pueblo, el profeta tomó la decisión de no dejar de adorar a Dios, y mucho menos perder el gozo. No se puede negar que el profeta fue atacado por el temor al saber que el ejército enemigo vendría contra su pueblo y lo atacaría, como lo expresa el siguiente verso.

> "Oí, y se conmovieron mis entrañas; a la voz temblaron mis labios; pudrición entró en mis huesos, y dentro de mí me estremecí; si bien estaré quieto en el día de la angustia, cuando suba al pueblo el que lo invadirá con sus tropas" (Hab. 3. 16).

Aunque el profeta confía en Dios, no obstante, ve con toda claridad el mal que se acerca, pero siendo humano y viendo los juicios que han de venir sobre su pueblo, se llena de temor. Y la pregunta es ¿Cómo se puede tener paz o quietud cuando todo está por ocurrir? ¿Cómo se hará para enfrentar esa situación?

Este pasaje sencillamente nos ofrece una radiografía del carácter del hombre de Dios. Habacuc es lo suficientemente honesto como para decir que cuando oyó los planes de Dios, tembló; le dio escalofrío. Sin embargo, se apoya en su fe. En medio del temor uno debe apoyarse en su fe, tal como dice el salmista *Dios conoce nuestra condición; se acuerda de que somos polvo* (Sal 103.14). Él entiende nuestra debilidad humana y ha hecho maravillosa provisión para nosotros. Hubo muchos hombres santos que batallaron y hasta temblaron, pero no fueron avergonzados.

Tales ejemplos nos aseguran que Dios nos entiende y que en su misericordia nos mostrará una salida a nuestras dificultades. ¿Qué puede hacer un hombre en tal estado de debilidad humana? ¿Qué podría sustentar a un hombre como Habacuc cuando llegara el ejército caldeo y comience a destruir la ciudad? ¿Qué fue lo que sostuvo al remanente fiel del pueblo de Dios cuando aparentemente todo estaba perdido?

Roberto Tinoco

No fue el resignarse y decir; "bueno, no vale la pena afligirse, ni inquietarse, ni alarmarse, porque nada podemos hacer para evitarlo". No fue el tratar de convencerse a sí mismo y decir: Lo mejor es no pensar en ese problema. Busquemos un escape y huyamos. Tampoco era cuestión de hacer un esfuerzo y juntar coraje. En este pasaje no encontramos ninguna exhortación a tener coraje. Hay algo infinitamente más importante que el realizar un gran esfuerzo de voluntad y decir: No voy a lloriquear, me voy a comportar como un hombre.

Habacuc admite que "sus entrañas se conmovieron y sus labios temblaron a la voz, y la pudrición entró en sus huesos". Pero hay algo que sí pudo hacer el profeta: No perder el gozo del Señor. En lugar de resignarse o tratar de juntar coraje, la Escritura demuestra que es posible vivir en un estado de regocijo, aun en tales circunstancias.

> "Aunque la higuera no florezca, ni en las vides haya frutos, aunque falte el producto del olivo, y los labrados no den mantenimiento, y las ovejas sean quitadas de la majada, y no haya vacas en los corrales; con todo, yo me alegraré en Jehová, y me gozaré en el Dios de mi salvación" (Habacuc 3. 17-18).

Entonces, el cristiano no pretende menos que esto. El hombre que no conoce a Cristo, si está en un buen estado físico, podrá quizá llegar a una actitud de resignación. Podrá quizá revestirse de un aire de coraje como lo han hecho muchos en tiempos de guerra y de agudas circunstancias adversas, y sin duda tal actitud debe ser admirada. No obstante, al cristiano se le ha asegurado que, a pesar de ser una persona físicamente propensa a alarmarse, puede experimentar no sólo fuerzas sino también un positivo regocijo en medio del peligro. Él puede gozarse en la tribulación, en medio del dolor y resultar victorioso en medio de las peores situaciones. Este es el desafío de la posición cristiana. Es aquí donde los creyentes se diferencian del mundo. Cuando llega lo peor de lo peor, el creyente hace mucho más que aguantar y resistir. El que cree en Dios experimenta un gozo santo, y manifiesta un espíritu de regocijo, aun en medio del sufrimiento.

EN MEDIO DEL DOLOR, HAY QUE MANTENER LA INTEGRIDAD

El otro elemento para considerar en medio del dolor es no perder la integridad. Este es uno de los distintivos de un hombre de Dios y de alguien que ha sido transformado realmente por el Todopoderoso. La integridad es la capacidad de estar completo, de que no le falte nada al hombre de Dios. Un hombre íntegro es aquel a quien no se le encuentra nada. Precisamente, el diccionario de definiciones dice que Integridad deriva de la palabra de origen latino *"integrĭtas"* o *"integrãtis"*, que significa totalidad, virginidad, robustez y buen estado físico. Integridad deriva del adjetivo *"integer"*, que significa intacto, entero, no tocado o no alcanzado por un mal.

Observando las raíces de este adjetivo, este se compone del vocablo in-, que significa no, y otro término de la misma raíz del verbo *tangere*, que significa tocar o alcanzar, por lo tanto, la integridad es la pureza original y sin contacto o contaminación con un mal o un daño, ya sea físico o moral.[98] Por otro lado, el diccionario Strong usa la palabra hebrea, *"tom:"* integridad, perfecto, sencillez, lo completo. También forma parte del pectoral del sumo sacerdote. El muy popular escritor y pastor Maxwell escribe sobre integridad lo siguiente:

"Una persona con integridad no divide su lealtad (eso es duplicidad), ni finge ser de otra manera (eso es hipocresía). La gente con integridad es gente "completa"; puede identificarse por tener una sola manera de pensar".

Luego agrega "las personas con integridad no tienen nada que

---

[98] Significados.com, "bajo integridad", https://www.significados.com/integridad/. Consultado el 7 de mayo, 2022.

esconder ni nada que temer. Sus vidas son libros abiertos". Después menciona, "La integridad no es tanto lo que hacemos sino lo que somos. Y lo que somos, a su vez, determina lo que hacemos". Entonces enfatiza,

> "Nuestro sistema de valores es una parte de nosotros que no podemos separar de nuestra personalidad. Viene a ser el sistema de navegación que nos guía. Permite establecer prioridades en la vida y sirve de patrón para juzgar lo que debemos aceptar o rechazar".[99]

Aunque la integridad es la característica fundamental de una persona que sirve verdaderamente a Dios, no obstante, esta puede ser amenazada por las situaciones adversas y complicadas que tiene la vida, más aún cuando estas son situaciones dolorosas. Un elemento positivo en la respuesta al sufrimiento, por una persona que cree en Dios es el hecho de no perder la integridad por los problemas de la vida. Este es el caso, mayormente de personas que profesan conocer a Dios. Eso fue precisamente lo que hizo Job cuando le pasó todas sus calamidades. El texto dice como lo abordó su mujer debido a lo que le estaba pasando:

> "Entonces le dijo su mujer: ¿Aún retienes tu integridad? Maldice a Dios, y muérete. Y él le dijo: Como suele hablar cualquiera de las mujeres fatuas, has hablado. ¿Qué? ¿Recibiremos de Dios el bien, y el mal no lo recibiremos? En todo esto no pecó Job con sus labios." (Job 2: 9-10)

---

[99] John C. Maxwell, *Desarrolle el líder que está en usted.* (Nashville, TN: Editorial Caribe, 1996) 52.

Este pasaje claramente ilustra lo que se está tratando de enseñar en este trabajo. En el mismo tenemos el ejemplo de quienes reaccionan de manera positiva y aquellos que son arrastrados por sus situaciones y terminan actuando de manera que lo que construyeron con tanto esfuerzo es derrumbado por su respuesta a lo que le viene en la vida.

En el caso específico de Job, el no actuó como su mujer —la cual pareciera ser que no le afectó en lo mínimo lo que le estaba sucediendo a su esposo. Es decir, el relato bíblico solo muestra que quien sufre es Job y no ella. Por el contrario, a ella se le observa blasfemando en contra de Dios y estimulando a su esposo a que haga lo mismo, —que se muera, para que deje de sufrir.

Entonces, ¿Qué se hace cuando se atraviesa calamidades en la vida? ¿Cuál es la reacción del creyente? El hijo de Dios no debe perder lo que con tanto sacrificio ha trabajado por tener —la integridad.

En un breve, pero poderoso salmo David exalta el valor de la integridad y pregunta a Dios:

> "Jehová, ¿quién habitará en tu tabernáculo? ¿Quién morará en tu monte santo? El que anda en integridad y hace justicia, y habla verdad en su corazón. El que no calumnia con su lengua, ni hace mal a su prójimo, ni admite reproche alguno contra su vecino. Aquel a cuyos ojos el vil es menospreciado, pero honra a los que temen a Jehová. El que, aun jurando en daño suyo, no por eso cambia; quien su dinero no dio a usura, ni contra el inocente admitió cohecho. El que hace estas cosas, no resbalará jamás." (Salmos 15.1-5)

El salmista ilustra de manera especial el carácter de una persona íntegra. Esta no solo hará cosas dignas de una persona diferente y conocedora de Dios, sino que también no cambiará por las cosas que vienen a su vida. Es precisamente aquí donde se tambalea una persona sin integridad. Cuando tiene que enfrentar situaciones difíciles en su vida. La vida siempre tendrá sus altas y sus bajas, no obstante, aquellos que creen en Dios no venderán su integridad.

EN MEDIO DEL DOLOR, HAY QUE ACEPTAR LA VOLUNTAD DE DIOS

El otro elemento que se debe tomar en cuenta en el análisis sobre el sufrimiento es cómo aceptar la voluntad de Dios en medio del dolor y la tragedia. En realidad, aquí es donde mucha gente batalla durante un proceso, ya que se pregunta ¿Cómo puede ser la voluntad de Dios la muerte de papá? ¿Cómo puede ser la voluntad de Dios la pérdida de un ser querido? ¿Cómo puede ser la voluntad de Dios que me echen del trabajo, o que termine una relación, o que me haya enfermado? En fin, las preguntas pueden ser interminables, lo cierto es que, en un momento crítico, a veces se cuestiona la voluntad de Dios.

La voluntad de Dios debe interpretarse como los deseos de Dios de llevar a cabo un asunto específico. Por ejemplo, Dios puede determinar que cierto individuo viva en cierto lugar y desarrolle un trabajo específico, porque por medio de ese trabajo el Señor va a ayudar a otra persona o a una comunidad, o incluso a una nación. Entonces para que eso se lleve a cabo, las cosas se deben acomodar al plan que el creador ha diseñado, aunque este plan no sea entendido por los involucrados. Piense por un momento en José —A quien ya se mencionó anteriormente, quien tuvo una muy difícil y dramática experiencia en su vida. El sufrió mucho durante toda su vida para terminar en un plan maestro de Dios que culminaría en el establecimiento de la nación de Israel. Este hombre sufrió todos los efectos de esa voluntad y no la conoció a plenitud sino hasta que hubieron pasado todos los oscuros y difíciles momentos en su experiencia. Es precisamente en esta etapa donde la voluntad de Dios encuentra una traba en aquellos que no comprenden que todas las cosas pasan con un propósito. El mismo José después que todo llegó al climax cuando llorando les dijo a sus hermanos quienes lo habían vendido como esclavo,

> "Vosotros pensasteis mal contra mí, más Dios lo encaminó a bien, para hacer lo que vemos hoy, para mantener en vida a mucho pueblo" (Génesis 50.20).

La voluntad de Dios siempre va a llevarse a cabo aun en contra de lo que el ser humano intente hacer para evitarlo o aunque las personas involucradas en esa voluntad tengan que sufrir. Por cierto, Dios no le dará una carga o prueba a alguien que no la pueda llevar (1 Corintios 10.13). Un ejemplo de este asunto es lo que vivió el patriarca Job —A quien cuando le vinieron todos sus males, en lugar de blasfemar o quejarse no le atribuyó despropósito alguno a Dios por lo que le estaba pasando.

> "Y dijo: Desnudo salí del vientre de mi madre, y desnudo volveré allá. Jehová dio, y Jehová quitó; sea el nombre de Jehová bendito. En todo esto no pecó Job, ni atribuyó a Dios despropósito alguno." (Job 1. 21-22)

La crisis no puede cegar al individuo como para que no pueda ver los planes de Dios para su vida. Los planes de Dios generalmente incluyen periodos y procesos en los cuales indefectiblemente se incluirán el dolor, la angustia y sufrimiento. Uno de los efectos tanto negativos como positivos en estos procesos es el aceptar la voluntad de Dios en medio de las situaciones adversas que le suceden como hijo de Dios.

Uno de los ejemplos más significativos en la Biblia respecto a aceptar y hacer la voluntad de Dios es el caso del Señor Jesucristo. Solo piense que Jesús mientras estuvo en este mundo y siendo quien era, el Señor, el Cristo, el Dios hecho carne, el que tenía el poder de transformar todas las cosas del dolor al alivio, de la muerte a la vida, prefirió sufrir para cumplir la voluntad del que lo había enviado. Es muy basto el material que hay al respecto tanto en la biblia como en fuentes externas referente al sufrimiento de Cristo por hacer la voluntad de Dios. Toda su vida en esta tierra fue dedicada a hacer la voluntad del que lo había enviado. Por esa voluntad tuvo que vivir humildemente, soportar maltratos, padecer en manos de los religiosos y de los romanos. En fin, Jesús muestra el camino de aquel que quiere servir a Dios de corazón. Indefectiblemente tendrá que someterse a la voluntad de Dios, aunque esta sea algo muy difícil para dicha persona.

La voluntad de Dios por lo general va a ir en contra de los pensamientos, de los deseos y aun de los planes que se tengan en la vida. Esta voluntad de Dios hará que el individuo cambie de trabajo, de lugar, de posición y aun de estilo de vida, lo cual obviamente ha de causar malestares e incomodidades. Es precisamente en esta dimensión que el individuo encuentra una pared entre lo que está viviendo y lo que Dios quiere de él o ella. En este sentido es muy difícil para una persona aceptar la razón de por qué Dios desea llevarlo por ese camino de incomodidad, malestar y sufrimiento. Muchas personas fracasan al no aceptar esta realidad en sus vidas y procesos.

EN MEDIO DEL SUFRIMIENTO, NO HAY QUE PERDER LA FE

Uno de los efectos negativos del dolor tiene que ver con el asunto de la fe. Hay personas que a veces no logran superar el sufrimiento y su fe es afectada a tal punto que la pierden o la debilitan. Es inevitable que los hijos de Dios enfrenten diversas situaciones en la vida —como ya se dijo un capítulo atrás, no obstante, la fe debe permanecer y no debe perderse. La fe significa, firme persuasión basado en el oído. *Es, pues, la fe, la certeza de lo que se espera, la convicción de lo que no se ve* (Hebreos 11.1).

La fe es muy importante en la vida cristiana en todos los aspectos.

De hecho, es un elemento indispensable para alcanzar prácticamente cualquier cosa, incluyendo aquello que es difícil para el ser humano. Es indispensable para creer en Dios, por eso mismo la Biblia enseña, que *"sin fe, es imposible agradar a Dios."* (Hebreos 11.6) Pero también la fe es necesaria para la vida diaria, recuerde lo que Cristo les dijo a sus discípulos,

> "Y si la hierba del campo que hoy es, y mañana se echa en el horno, Dios la viste así, ¿no hará mucho más a vosotros, hombres de poca fe? (Mateo 6.30)

Por lo tanto, Jesús espera que se use en la vida diaria, pero más enfáticamente cuando se está atravesando por los problemas y dificultades de la vida. Recuerde la vivencia de los discípulos del Señor en el mar de Galilea cuando estaban atravesándolo y enfrentaron una gran tempestad en la cual pensaban que iban a perecer, mientras Jesús dormía en la popa del barco. Ellos lo despertaron para que les ayudará a salir de esa situación, pero Jesús les reprendió por no tener fe. "Y les dijo, *¿Por qué estarías así amedrentados? ¿Como no tenéis fe?* (Marcos 4.40).

Entonces, Jesús esperaba que ellos utilizaran la fe para poder detener la tempestad. Y así mismo se requiere del creyente que en medio de las tempestades de su vida, no pierda la fe, sino que la tenga consigo y la use para contrarrestar sus tormentas. La vida va a traer muchas tormentas y tempestades, pero aquel que mantiene su fe elevada, podrá hacer frente a las situaciones. Esa es tal vez una de las bendiciones que el creyente ha recibido de Dios para poder mantenerse de pie ante los azotes de la vida: "La fe". Es más, si el creyente quiere ver la gloria de Dios en su vida y más específicamente en medio de sus problemas, debe tener fe. La fe le ayudará para ver el poder de Dios en acción. ¿Acaso ya se olvidó que era la fe el elemento indispensable y requisito para que Jesús obrara en la vida de las personas? Cuantas veces les dijo, *"...Conforme a vuestra fe os sea hecho"* (Mateo 9.29) y sucedieron los milagros.

De hecho, Jesús les dijo a sus discípulos, "… si tuviereis fe como un grano de mostaza, diréis a este monte: Pásate de aquí allá, y se pasará; y nada os será imposible" (Mateo 17. 20).

La fe mueve montañas, pero también mueve la mano y el poder de Dios. No obstante, esta puede ser amenazada por los problemas que vienen a la vida. Dios espera que sus hijos no pierdan la fe en medio de situaciones adversas. Cuando alguien pierde la fe, lo perdió todo. En realidad, cuando alguien —golpeado por los problemas, suelta la fe, ya no tiene de donde agarrarse para hacerle frente a lo que venga. Es la fe lo que le da al creyente la capacidad de pelear, de luchar y de enfrentar los problemas en su vida. Desafortunadamente, cuando alguien atraviesa por una situación dolorosa, esa fe se tambalea y puede llegar a perderse.

Una de las preocupaciones de Jesús fue que sus discípulos tuvieran fe. De hecho, el Maestro les recriminó la falta de fe en situaciones difíciles (Marcos 4.40). Luego cuando ya se iba le preocupó que el mundo dejara de tener fe y de si hallase la misma en su regreso (Lucas 18. 8). También le dijo a Pedro —como ya se ha mencionado antes— que Satanás lo había pedido para zarandearlo, pero el Señor había orado para que no le faltara la fe. (Lucas 22.31-32).

Los efectos negativos de perder la fe incluyen, el perder la *confianza* en Dios para ayudar en los momentos de pruebas, la *incredulidad* para creer que Dios puede cambiar las cosas y la *duda*, para aceptar que algo milagroso puede suceder. Alguien que haya perdido la fe seguramente perderá la confianza en Dios y en la Iglesia de que las cosas pueden cambiar o mejorar en su vida.

La incredulidad viene como consecuencia de la falta de fe. Aunque se reconoce que tener fe es algo que cualquiera puede adquirir, no obstante, a la gente le cuesta mucho recibirla. Usualmente la gente espera *ver para creer*, sin embargo, se entiende que lo que activa la fe, es la palabra de Dios, ya que esta viene, precisamente "por el oír de la palabra de Dios". Entonces, se debe mencionar que el alimento de la fe del individuo es oír la palabra de Dios. Es importante resaltar en este punto que aquí no se refiere a leer la palabra, lo cual puede ayudar mucho, sino que se refiere a escuchar la voz de Dios y esto debe entenderse como el ir a la casa de Dios para oír esta palabra. Entonces, la persona debe mantenerse alerta ante cualquier pequeño síntoma de pérdida la fe.

En medio del dolor y sufrimiento, hay que mantener la fe bien en alto y fuerte para que no se debilite, pues esa es una de las herramientas más poderosas no solo para ayudar a llevar el dolor y lo que se esté sufriendo, sino también para orar a Dios y encontrar solución para las necesidades. Si usted ha pasado por alguna situación dolorosa o la está viviendo en este momento, no pierda la fe y siga confiando en Dios, que Él ciertamente no lo abandonará y vendrá para ayudarle y fortalecerle. Solo necesita tener fe. La fe le va a ayudar a sobrellevar ese sufrimiento y le permitirá ver la gloria de Dios en su vida.

EN MEDIO DEL DOLOR, HAY QUE ESPERAR EN DIOS

Finalmente, en medio del dolor hay que aprender a esperar en Dios. Los hijos de Dios a través de la historia bíblica siempre han esperado en Dios. Solamente piense en el Rey David, quien expresa estas palabras en varias ocasiones, especialmente cuando estaba atravesando valles en su vida.

> "Pacientemente esperé a Jehová, Y se inclinó a mí, y oyó mi clamor. Y me hizo sacar del pozo de la desesperación, del lodo cenagoso; Puso mis pies sobre peña, y enderezó mis pasos." (Salmos 40:1-2).

Como ya se ha mencionado anteriormente, David fue un hombre que sufrió demasiado durante toda su vida. Desde pequeño batalló con su familia, pues claramente se observa que no era el favorito de la familia. De hecho, su padre prefería a los hermanos mayores de David por sobre los demás.

Cuando David fue llamado por Samuel para ser ungido, andaba cuidando las ovejas, mientras que sus hermanos estaban en casa. Luego de haber llegado al campo de batalla para llevarle algunas cosas a sus hermanos quienes andaban en el ejército de Saúl, fue reprendido por ellos y le hablaron muy mal delante de los demás soldados.

Luego de vencer a Goliat tuvo que enfrentar los ataques del rey Saúl por la envidia que sentía. Una persecución que lo llevó a huir y desterrarse para escapar. Pero después continuaría con una serie de diversas situaciones que lo pondrían siempre en el ojo de la tormenta. La vida de David fue así, un continuo sufrimiento. No obstante, en medio de tanto sufrimiento, supo esperar en Dios. Él sabía que Dios estaba con él y nunca lo dejaría. Que, aunque andaba de un lugar para otro y escapando por su vida, Dios iba a venir y lo iba a ayudar a vencer y a tener victoria.

Otro personaje que sufrió de manera cuadruplicada por servir a Dios fue Jeremías. Este profeta experimentó el rechazo de su pueblo cada vez que Dios lo mandaba a darles un mensaje. Fue puesto en la cárcel, fue golpeado, fue arrojado en una cisterna, en fin. Tuvo que pasar por muchas cosas por el solo hecho de hacer la voluntad de Dios y dijo en una ocasión: *"Mi porción es Jehová, dijo mi alma; por tanto, en él esperaré."* (Lamentaciones 3:24).

Entonces, aquellos que están agarrados de la mano de Dios saben esperar en el Todopoderoso en medio de la tempestad, pues conocen que Dios nunca los dejará esperando toda la vida. No obstante, se debe mencionar que no es fácil esperar en Dios, especialmente cuando hay dolor, enfermedad, tribulación y confusión. A veces, esperar en Dios es como *estar viendo al invisible*, alguien que no se ve, pero que está allí; o es como mirar en la noche, cuando no se puede ver más que las estrellas. Esperar en Dios es un asunto de fe y confianza. Fe, porque la persona cree completamente en las promesas del Señor que le dijo "no te dejaré ni te desamparare". Por otro lado, la confianza por la seguridad de que el Salvador vendrá al rescate de quien sufre y no tardará.

ALABANDO A DIOS EN EL SUFRIMIENTO

Entonces Job se levantó, y rasgó su manto, y rasuró
su cabeza, y se postró en tierra y adoró.
Job I. 20.

Una de las respuestas de los creyentes, es adorar a Dios en medio de su dolor. Aunque esto es visto como algo raro e inentendible, lo cierto es que sucede periódicamente. La adoración es una de las prácticas más importantes en la vida de un creyente, no obstante, esta puede ser amenazada cuando la persona pasa por angustias, tribulaciones y episodios de dolor. Además, si la persona no tiene una base sólida para solventar su dolor, lo primero que hace es cesar en su culto devocional a Dios.

En este capítulo exploraremos que el creyente ha sido llamado para adorar a Dios, se estudiará algunos personajes bíblicos, que lejos de airarse o fastidiarse la vida ante sus crisis, reaccionaron con adoración a Dios y, finalmente, se hará énfasis en el poder transformador de la alabanza en la vida de los que sufren.

LLAMADOS PARA ADORAR A DIOS

Hemos sido creados y llamados para adorar a Dios en todo tiempo, en toda ocasión y bajo cualquier circunstancia. Antes de continuar adelante con este trabajo; es necesario establecer que el mismo hombre fue creado por Dios para rendirle adoración y esta no debe menguar por ningún motivo. El apóstol Pablo enfatiza a la iglesia de Éfeso diciéndoles que han sido creados para ello:

> "Según nos escogió en él antes de la fundación del mundo, para que fuésemos santos y sin mancha delante de él, en amor habiéndonos predestinado para ser adoptados hijos suyos por medio de Jesucristo, según el puro afecto de su voluntad, para alabanza de la gloria de su gracia, con la cual nos hizo aceptos en el Amado, ..." (Efesios 1: 4-6).

Así que el hombre fue creado para adorar a Dios, aun antes de que el mismo mundo fuera creado. Sin embargo, cuando se habla de la alabanza algunas personas solo creen que se refiere a cantar cantos a Dios, pero eso no es así. Esto va más allá que solo cantar. De hecho, las palabras principales de la Biblia traducidas "adoración" (*saha* en el hebreo, *proskuneo* en el griego) enfatizan el acto de postrarse en reverencia. La palabra griega, *proskuneo*, es una combinación de dos otras palabras griegas: *pros*, que significa "hacia" y *kuneo*, que significa "besar". *Proskuneo* es la palabra que más frecuentemente se usa para referirse a la adoración y significa: acercarse para besar. Entonces, la adoración es acercarse a Dios no solo cantando sino con un corazón hambriento por él.

Es necesario continuar mencionando que Dios fundó la alabanza para ser adorado y esto sucedió hace mucho tiempo. De hecho, la Biblia dice que el Señor estableció la alabanza en el cielo aun antes de que la humanidad existiera, (Ezequiel 28: 11-14). Dios creó al diablo cuando no era diablo para que dirigiera la gran orquesta del cielo; toda clase de instrumentos también fueron creados por Dios para su adoración. Sin embargo, Satanás se reveló en contra de Dios y fue echado fuera junto con los ángeles que se levantaron en contra de Dios. A pesar de la rebelión de Satanás, la alabanza nunca se detuvo en el cielo; ya que Dios tiene serafines y querubines dedicados a rendirle adoración todo el tiempo. Es por lo que la adoración a Dios no debe parar nunca, pues Dios es un Dios que habita en medio de las alabanzas su pueblo, (Salmos 22:3).

Luego, Dios no se conformó que le adoraran solo los ángeles, sino que estableció la alabanza en la tierra, para que los humanos también le adoraran. Esa fue la razón de que Dios estableciera un sistema de culto en el Antiguo Testamento. Desde esos tiempos antiguos Dios estableció la forma de culto que le habían de dar los hijos de Israel en el desierto. Basta mirar solamente un poco en la Biblia para darse cuenta de lo que Dios estaba buscando de su pueblo. De hecho, el mandamiento decía:

> "Altar de tierra harás para mí, y sacrificarás sobre él tus holocaustos y tus ofrendas de paz, tus ovejas y tus vacas; en todo lugar donde yo hiciere que esté la memoria de mi nombre, vendré a ti y te bendeciré" (Éxodo 20: 24).

En este pasaje vemos centrados los elementos de culto que Dios estaba pidiendo de los hijos de Israel: Ellos deberían tener un altar, y sobre el altar depositarían sus ofrendas y los holocaustos. En este mismo pasaje les da la orden el Señor: Ellos traerían sus ofrendas y luego Dios los bendeciría.

En la venida de Cristo a la tierra la adoración que existía, era una adoración hipócrita y falsa. Es decir, la adoración que Dios había establecido la habían hecho rutinaria, hipócrita y falsa. Por eso Jesús les reprochó la falsa adoración a los escribas y fariseos y a los religiosos de la época, porque la adoración estaba basada en ellos y no en Dios. Un ejemplo son las palabras de Jesús, cuando dijo:

"… Hipócritas, bien profetizó de vosotros Isaías, como está escrito: Este pueblo de labios me honra, Mas su corazón está lejos de mí. Pues en vano me honran, enseñando como doctrinas mandamientos de hombres" (Marcos 7: 6-7).

Por lo tanto, la adoración verdadera no es solo de labios, sino en verdad y en todo momento. El problema surge cuando ese espíritu de adorador es sacudido por los problemas, el dolor y el sufrimiento. ¿Qué se hace en ese caso? ¿Se debe adorar a Dios en el sufrimiento?

EN MEDIO DE LA CALAMIDAD, HAY QUE ALABAR A DIOS

En el capítulo 3 de este libro se habló de las calamidades que le vinieron a Job en un solo día y la respuesta de él fue muy diferente a como alguien cualquiera hubiera reaccionado. La Biblia dice enfáticamente, que cuando Job recibió la serie de notificaciones de pérdidas una después de la otra; lejos de actuar con enojo reaccionó adorando a Dios.

Se debe recordar que Job perdió en un solo día todas sus riquezas materiales las cuales incluían: "Su hacienda era siete mil ovejas, tres mil camellos, quinientas yuntas de bueyes, quinientas asnas, y muchísimos criados; y era aquel varón más grande que todos los orientales. (Job I. 3)

Además, perdió también a sus siete hijos y sus tres hijas (Job I. 18-19) y ¿Cuál fue su reacción? ¡Adoró a Dios! El texto dice: *"Entonces Job se levantó, y rasgó su manto, y rasuró su cabeza, y se postró en tierra y adoró"*. (Job I. 20).

Este punto es muy importante, ya que por lo general las reacciones humanas en medio de una situación semejante pueden ser caóticas o incluso violentas. No obstante, Job respondió adorando a Dios. Inmediatamente alguien puede criticar su respuesta y puede llegar a pensar que no le importó perder sus posesiones y mucho menos sus hijos. Es importante resaltar que —por el contrario, Job sí se dolió por lo que le estaba pasando. La acción de rasgar sus vestidos lo demuestra. En aquel entonces era muy común que cuando alguien atravesaba por una situación de dolor o de indignación, lo primero que hacía era rasgar sus vestidos. En una definición muy clara al respecto Maurice Lamm define el rasgar los vestidos en el judaísmo, de la siguiente manera:

"La expresión de dolor más significativa del judaísmo es la rasgadura de las vestimentas antes del funeral". Luego cita algunos ejemplos bíblicos. "La Biblia menciona varias ocasiones en las cuales se rasgan las vestiduras. Cuando Jacob vio la vestimenta ensangrentada de su hijo Yosef rasgó sus vestiduras, igualmente hizo David cuando se enteró de la muerte de Saúl". Después enfatiza el impacto psicológico que esta acción tiene en la persona que lo hace. "La rasgadura es una oportunidad de alivio psicológico. Le permite al deudo expresar su enojo y su frustración a través de un acto controlado y religiosamente estipulado de destrucción". Luego cita al famoso sabio judío Maimónides, y dice lo siguiente:

"interpreta que la rasgadura cumple una necesidad emocional de ese momento, pues de otras formas estaría prohibido destruir una vestimenta ya que sería considerado un derroche innecesario. Por esta razón se indica que los deudos por los padres rasguen las vestiduras con sus propias manos".

Por otro lado, agrega el exponente que, "La Halajá dispone que tiene que quedar expuesto "el corazón" (o sea que la rasgadura debe ser echa sobre el corazón) y eso es también un simbolismo que el corazón está partido". Otra explicación no tan conocida expresada en el Talmud de Jerusalén es que "exponer el corazón" también es una forma de demostrar el dolor de no poder cumplir con el mandamiento de honrar al padre y a la madre. Sufrimos profundamente por no poder transmitir amor a nuestros seres queridos. Podemos seguir respetando a nuestros padres incluso después de la muerte, pero el lazo de amor entre padre e hijo finaliza por lo que nuestro corazón es expuesto, expresando nuestro dolor para que todos lo puedan ver.[100]

Por lo tanto, —regresando al punto de partida, Job rasgó sus vestiduras en señal que tenía roto su corazón por el dolor y en una clara muestra de que estaba de luto y sufriendo mucho por todo lo que había perdido sin saber siquiera las causas del por qué. No obstante, su reacción fue alabar a Dios. ¿se puede usted imaginar? Cuantas veces se ha dicho en la iglesia durante el servicio y en estímulo a los asistentes para que adoren a Dios. Se les dice que hay que alabar a Dios en las buenas y en las malas. Por otro lado, se reconocer que en la iglesia es muy fácil alabar a Dios, pues el lugar es apropiado, todos están presentes y todo marcha bien. Sin embargo, ese no fue el caso para Job. Él estaba semidestruido, adolorido, confundido y lo mejor que pudo hacer fue postrarse ante Dios en adoración.

La crisis no puede robar ni quitar y mucho menos impedir la alabanza a Dios. Ese sería el fracaso más grande que se puede tener como cristiano. El que no se pueda alabar a Dios. A Dios se le alaba en las buenas y en las malas. Cuando todo va bien, y cuando todo va mal. Cuando hay y aun cuando no hay, pero, sobre todo, cuando el mundo se está cayendo y parece ser que la vida está por terminar. Eso fue precisamente lo que hizo Job, a quien la Biblia lo pone a la misma altura de Daniel y de Moisés, en cuanto a su justicia delante del Señor (Ezequiel 14. 13-15).

---

[100] Maurice Lamm, es.chabad.org, https://es.chabad.org/library/article_cdo/aid/754874 / jewish/Por-que-se-hace-la-Kria-Rasgadura-de-las-vestimentas-en-el-funeral.htm. Consultado el 30 de mayo, 2022.

Otro ejemplo de alguien que sufrió demasiado por muchas cosas que le sucedieron en su vida, pero que, a pesar de ello, alaba a Dios en medio de su dolor, fue el rey David. Este hombre, sufrió persecución, recibió desprecio, tuvo luchas, y fue traicionado por su propio hijo.

La traición es un golpe muy fuerte que puede recibir un individuo. Cuando alguien es traicionado, tiende a desarrollar una desconfianza en las personas, y después ya no creen en nadie. A veces cuando esa traición es de algún amigo, conocido o compañero de trabajo hasta cierto punto se puede tolerar y llevar; pero cuando esa traición viene de uno de casa, entonces allí las cosas cambian. El dolor puede ser intenso y las reacciones pueden ser variadas; no obstante, el que cree en Dios actúa de manera distinta.

David tenía un hijo que se llamaba Absalón, el cual le dio muchos problemas al rey. Este hombre había dado muerte a su hermano Ammón en venganza porque este último había violado a su hermana Tamar. Luego, Absalón había huido a otras tierras (2 Samuel 13. 20-29), pero David amaba a Absalón, como a ninguno de sus hijos y sufría mucho por la ausencia de su hijo a tal grado que Joab —su general, fue y se lo trajo para que David lo viera. Sin embargo, Absalón era un hombre arrogante y mientras el rey estaba en su palacio, su hijo Absalón se rebeló contra su padre. Este se paraba a la entrada de la ciudad y comenzaba a hablar mal de su padre y abrazar a la gente para que se fuera con él, y así fue ganándose el corazón del pueblo (2 Sam. 15: 1-12). Luego fue avisado David, y le dijeron, el corazón de todo Israel, se va tras Absalón. Entonces —temiendo por su vida, salió David huyendo con sus siervos, y subió la cuesta de los olivos; y la subió llorando, llevando la cabeza cubierta y los pies descalzos (2 Samuel 15: 30). David iba cubierto en señal de luto, la humildad y resignación de David mostraban su espíritu santificado. Quizás le vinieron pensamientos, tales como "esto me pasa por haberle fallado a Dios", —había caído, pero era la caída del justo, y se había levantado de nuevo sometiéndose a la voluntad de Dios (Sal 51). Esta es una de las escenas más tristes de David, pues su propio hijo se ha levantado contra él.

Por si fuera poco, mientras va huyendo, le sale al encuentro Siba el criado de Mefiboset, y le miente haciéndole creer que Mefiboset —a quien David había ayudado, también estaba con su hijo en la rebelión. David había hecho misericordia con Mefiboset regresándole las tierras que le pertenecían a Saúl. Luego, llegando a bahurim, he aquí salía uno de la familia de la casa de Saúl, el cual se llamaba Simei, hijo de Gera y salía maldiciendo, y arrojando piedras contra David y contra sus siervos (2 Sam. 16: 5-7). Sin embargo, David tenía un corazón conforme al corazón de Dios, el no abrió su boca, sino decía déjenlo, que Dios lo ha mandado a maldecirme.

Y para cerrar esta ronda de situaciones, Ahitofel, el consejero del rey David, también se unió a la rebelión. Y el Rey con todo el pueblo que con él estaba, llegaron fatigados y descansaron allí. La versión griega dice que llegaron al Jordán. I Sam. 16: 14. Casi se puede mirar a David, cómo se recuesta a la orilla del Jordán, recostado en un árbol y por su mente comienza a revivir las escenas: Mi Hijo Absalón me ha traicionado, Ahitofel mi consejero también, Mefiboset también me ha traicionado, Simei me ha maldecido y me ha tratado como un sanguinario, arrojando piedras y polvo contra mí, ahora huyo de mi palacio, del templo, voy a extrañar los cultos y mi vida peligra. ¡Ay Dios mio! y al pensar esto escuchó el bramido de un ciervo (venado) buscando las aguas, y David comienza a escribir el salmo 42 que ha quedado para la posteridad.

En el verso I, el salmista se compara con un ciervo el cual clama por las corrientes de las aguas vivas, las cuales fluyen por el sequedal. Los ciervos van buscando por el arroyuelo las mejores aguas que fluyen del manantial. Luego en el verso 2 expresa la sed que tiene su alma, tal y como ese ciervo tiene sed de aguas, así David tiene sed de Dios. En el mismo verso se pregunta así mismo, *"¿Cuándo vendré, y me presentaré delante de Dios?"* Luego en el verso 3 manifiesta su sufrimiento.

"Fueron mis lágrimas mi pan de día y de noche", Además, revela que incluso, le han hecho sentir que Dios lo ha abandonado, al preguntarle, *"¿Dónde está tu Dios?"* Luego recuerda el salmista,

> "Me acuerdo de estas cosas, y derramo mi alma dentro de mí; de cómo yo fui con la multitud, y la conduje hasta la casa de Dios, entre voces de alegría y de alabanza del pueblo en fiesta" (Salmos 42.4).

Aquí David recuerda los favores hechos al pueblo de Dios al llevar el arca del pacto a la casa de Dios y el pueblo hacía fiesta al respecto. Sin embargo, en un momento, el mismo pueblo se le dio vuelta. Termina esta parte hablándole a su alma, y con ello, a su dolor interno:

> "¿Por qué te abates, oh alma mía, y te turbas dentro de mí? Espera en Dios; porque aún he de alabarle, Salvación mía, y Dios mío" (Salmos 42.5).

Lo que quiere decir David con estas palabras, es que a pesar de todo lo que está sufriendo, las cosas no van a quedarse así, en el vacío; todo lo contrario. Él vislumbra un cambio radical en su estado de ánimo y en su situación, precisamente *cuando alabe a Dios*.

Este es precisamente el corazón del mensaje de esta obra. El sufrimiento no puede privar al hijo de Dios de hacer lo que más le agrada a su alma: Alabar a Dios.

El dolor no puede robarle al hijo de Dios el deseo de glorificar a Dios. Nada puede cerrar la boca del hijo de Dios para que este no alabe al Todopoderoso.

Las personas que creen en Dios y tienen su fe fuerte en el Señor, en el momento que viene el sufrimiento a sus vidas no responderán igual que los demás. Ellos responderán con alabanza. Piense por un momento en el dolor de David, al ser perseguido por Saúl y escapar varias veces de la muerte. Luego ser traicionado por su propio hijo, su consejero, su general y algunos otros hombres de confianza, y huir para salvar su vida; no obstante, fue en ese momento cuando David escribió sus mejores salmos. La pregunta es, ¿Por qué escogió alabar a Dios, en lugar de amargarse la vida? La respuesta es sencilla, porque David conocía el poder transformador de la adoración.

Un caso fascinante en las escrituras sobre el poder que tiene la alabanza a Dios en medio de situaciones intensas tiene que ver con la victoria que Dios le dio a su pueblo en tiempos del rey Josafat.

El capítulo 20 del segundo libro de las crónicas de los reyes de Israel narra cómo el pueblo de Dios fue amenazado por los hijos de Moab y Amon —dos pueblos enemigos, cuando se levantaron para pelear contra Josafat y el reino de Judá. Sin embargo, este rey se humilló ante Dios lleno de temor ya que no tenía posibilidades frente a aquel poderoso ejército ya que era una multitud que venía contra ellos. Lo más extraordinario es que "... Josafat humilló su rostro para consultar a Jehová, e hizo pregonar ayuno a todo Judá" (2 Crónicas 20.3).

En otras palabras, adoró a Dios ante la gran amenaza que tenía arriba no solo sobre él sino sobre su propio reino. En ese capítulo se describe cómo buscó a Dios junto con el pueblo de Judá para que Dios tuviera misericordia de ellos y los ayudara ante la amenaza del ejercito enemigo. Este gran hombre tocó el corazón de Dios, el cual no tardó en contestarle por medio de su profeta el cual le dijo unas palabras que todavía resuenan hoy:

> "y dijo: Oíd, Judá todo, y vosotros moradores de Jerusalén, y tú, rey Josafat. Jehová os dice así: No temáis ni os amedrentéis delante de esta multitud tan grande, porque no es vuestra la guerra, sino de Dios" (2 Crónicas 20.15).

La oración y adoración de este pueblo fue llevada hasta la presencia de Dios y el mismo Señor envió su palabra inmediatamente. No obstante, lo más impresionante todavía estaría por venir. Lejos de salir peleando con las armas, salieron los sacerdotes levitas con instrumentos de música para alabar a Dios en alta voz frente al enemigo. Entonces sucedió lo inesperado. El texto dice:

> "Y cuando comenzaron a entonar cantos de alabanza, Jehová puso contra los hijos de Amón, de Moab y del monte de Seir, las emboscadas de ellos mismos que venían contra Judá, y se mataron los unos a los otros". (2 Crónicas 20. 22)

Como se puede observar, Dios le dio una gran victoria a su pueblo —cuando este estaba siendo amenazado por un gran ejercito— por medio de la alabanza a Dios. Entonces, adorar a Dios es algo extraordinario, que no solo cambia y transforma, sino que ayuda para encontrar victoria en contra del enemigo.

Otro ejemplo semejante es el de Pablo y Silas quienes dan un gran ejemplo, de que cuando una persona conoce a Dios y que camina cerca de él, reaccionará diferente en medio del dolor. Sólo piense por un momento, acerca de estos dos hombres y su historia (Hechos 16.16-34).

Ellos estaban predicando la palabra de Dios en Filipos, Macedonia, en aquel entonces, en Asia. Sin embargo, un día se encontraron con una muchacha que tenía un espíritu de adivinación y daba mucha ganancia a sus dueños por lo que hacía. Los apóstoles al verla en esta condición oraron por ella para que fuera liberada de ese espíritu de error. No obstante, esto causó un gran alboroto en la ciudad pues los dueños de esta joven vieron su ganancia alejarse, así que les presentaron cargos ante las autoridades. Sólo piense por un momento que a esos hombres les importaba más su posición económica que la esclavitud espiritual de aquella mujer.

Así que fueron azotados con una vara y luego fueron puestos en la cárcel como unos criminales. Además, no sólo los encarcelaron, sino que los ataron con cadenas y les pusieron los pies en el cepo.[101] Sólo imagínese la escena de estos dos hombres, golpeados atados y encarcelados. Pero lo más extraordinario de todo esto es lo que ellos hicieron en medio de su sufrimiento. El texto dice que a la medianoche comenzaron a orar y alabar a Dios. ¡Imagínese la escena! Ellos alababan a Dios en altavoz, es decir, "con todo".

Lo extraordinario de todo esto, es que en medio de la celda, atados, golpeados y adoloridos; pudieron adorar a Dios. El resto es de película, pues el texto dice que cuando ellos comenzaron a cantar himnos al Señor, hubo un gran terremoto y al instante todas las puertas se abrieron, y las cadenas de todos los presos se soltaron por el poder de Dios que estaba obrando allí. Así que Pablo y Silas y todos los presos pudieron ver y experimentar el poder de Dios, el cual comenzó con la alabanza de estos hombres en medio de su dolor.

Entonces, los problemas de la vida y las situaciones dolorosas no le pueden arrebatar y mucho menos quitar el deseo y la acción de alabar a Dios al creyente. Sin embargo, seguramente, se preguntará alguien. ¿Cómo puede alguien responder alabando a Dios en medio de tanto dolor y sufrimiento? ¿Que lleva a las personas a responder con alabanza en medio del dolor? ¿Acaso hay que ser masoquista?

No, sino que las personas que creen en Dios y que le sirven con un corazón agradecido saben del significado y el poder que tiene alabar y adorar a Dios en medio del dolor y en la vida diaria. Es en esos momentos donde la práctica de la alabanza hace que las cosas cambien de una manera extraordinaria. Es conocido por la mayoría de las creyentes que la alabanza juega un papel determinante en el bienestar

---

[101] El Cepo era un instrumento que aseguraba los pies, y en algunas veces el cuello y las manos de un prisionero. Usualmente era hecho de madera con agujeros, y se podía usar como instrumento de tortura que estiraba y separaba las piernas. Diccionario bíblico Conciso Holman, Nashville, TN: Boradman & Holman Publishers, 2001).

del individuo, especialmente cuando está atravesando por situaciones adversas. Alabar a Dios lo cambia todo, lo transforma todo.

Cuando una persona que está sufriendo en lugar de quejarse o fastidiarse la vida, alaba a Dios, algo sucede en su interior y en su misma vida. No solamente transforma su interior sino su entorno. Ese fue el secreto de aquellos hombres que sufrían físicamente, pero por dentro eran gigantes en la fe y nada los doblegaba. Ellos conocían el secreto de una vida que adora a Dios en cualquier situación, mayormente en medio de sus problemas. Pero, ¿Cómo puede hacerse eso?

El apóstol Pablo estimula a la iglesia de Roma a presentarse en adoración a Dios por medio de un culto vivo.

> "Así que, hermanos, os ruego por las misericordias de Dios, que presentéis vuestros cuerpos en sacrificio vivo, santo, agradable a Dios, que es vuestro culto racional". (Romanos 12: 1)

Aquí podemos ver que el apóstol se refiere a dos puntos importantes de la adoración, los cuales muchas veces tienden a olvidarse. Primero, se refiere al acto de la adoración. La mayoría relaciona la palabra "adoración" con las cosas que se hacen en una reunión de la iglesia y en los momentos de adoración personal y privada. Estas actividades —por ejemplo: la oración, la alabanza, cantar, dar gracias, rendirse, levantar las manos, arrodillarse, etc.— son algunas maneras de ofrecernos o presentarnos ante Dios —lo que Pablo llama en esta Escritura nuestro "culto racional". Entonces el acto de adorar está relacionado con una ofrenda de adoración, es decir, ofrecernos a nosotros mismos a Dios y ponernos a su disposición.

En segundo lugar, se refiere a una vida de adoración. En un contexto más amplio, la adoración implica la manera en que vivimos. A través de este acto espiritual llegamos a ser sacrificios vivos. En otras palabras, la adoración involucra el acto de ofrecernos a Dios, pero también incluye los resultados de ofrecernos a Dios. Por esto, en el siguiente versículo Pablo habla de ser transformados.

> "No os conforméis a este siglo, sino transformaos por medio de la renovación de vuestro entendimiento, para que comprobéis cuál sea la buena voluntad de Dios, agradable y perfecta". (Romanos 12.2).

El acto de adoración no se puede separar de una vida de adoración. Esa era la razón porque los santos hombres de Dios actuaban así. Ellos conocían el secreto de la adoración a Dios, por eso adoraban en todo momento y en toda circunstancia, aun en medio del dolor.

Por otro lado, hay que enfatizar que la adoración tampoco puede ser mecánica o sencillamente, solo por hacerla y ya. ¡No! La adoración debe hacerse en espíritu y en verdad. De esto Juan dice lo siguiente:

> "Mas la hora viene, y ahora es, cuando los verdaderos adoradores adorarán al Padre en espíritu y en verdad; porque también el Padre tales adoradores busca que le adoren. Dios es Espíritu; y los que le adoran, en espíritu y en verdad es necesario que adoren". (Juan 4: 23-24)

Aquí Jesús señala que la adoración es una de las características particulares del pueblo de Dios, y que la verdadera adoración combina los elementos de espíritu y verdad. Jesús empieza por señalar la relación entre el conocimiento y la adoración (v. 22). El conocimiento es un ingrediente clave en la adoración. Nuestra adoración debe ser fundamentada en su Palabra. El conocimiento y la adoración van de la mano. La verdad y la adoración se mantienen unidas. Como lo señala Jesús a la mujer samaritana, es imposible adorar a alguien que no conocemos. El conocimiento es un ingrediente esencial en la adoración. Pero un simple conocimiento, el conocimiento de la

Palabra de Dios, no garantiza que haya adoración. Es posible tener muchísimo conocimiento acerca de la Biblia y nunca arrodillarse, nunca levantar las manos o la voz en adoración en espíritu y verdad. El conocimiento es un ingrediente esencial en la adoración, pero no es el único ingrediente. Jesús dice algo importante en los versículos 23 y 24: *El Padre busca adoradores verdaderos*. El Padre busca un pueblo adorador.

¿Qué es un verdadero adorador? El que adora a Dios como él instruye: en espíritu y en verdad. La verdadera adoración ocurre cuando se le adora a su manera, no a la que uno cree. Dios mismo, define la manera en que se debe adorar. Aquí mucha gente dice: Yo adoro a Dios a mí manera, pero eso no debe ser así. Los verdaderos adoradores adoran a Dios a la manera de Dios y él desea ser adorado en una manera que utiliza los dos elementos: en espíritu y en verdad.

Finalmente, se debe resaltar que la adoración no solo tiene el poder de cambiar y transformar al individuo en medio de su dolor y transformar el entorno de quien adora a Dios, sino que tiene el poder de traer la misma presencia de Dios a donde se encuentra el individuo. En otras palabras, cuando el creyente adora a Dios, la presencia de Dios desciende sobre el adorador. En este sentido se debe mencionar que Dios prometió estar en las alabanzas de su pueblo.

En los salmos se lee, *"Pero tú eres santo, tú que habitas entre las alabanzas de Israel"*. (Salmo 22.3). Esto quiere decir que cuando su pueblo alaba a Dios, éste se hace presente. Por otro lado, hay que entender que la necesidad por la presencia de Dios dirige a este principio tan importante de la adoración: Dios manifiesta su presencia cuando se le adora. Dios establece su trono en medio de un pueblo adorador. El trono habla de su reino. El viene a reinar en medio de la adoración.

Se concluye este capítulo enfatizando la razón principal del por qué los creyentes en Dios adoraban a su creador en medio de su sufrimiento. Ellos adoraban a Dios en medio de su dolor, porque conocían el poder transformador de su adoración. Estos hombres y mujeres sabían de primera mano que la adoración verdadera y genuina tiene el poder de cambiar todas las cosas que se está experimentado.

Además, la adoración en espíritu y en verdad no solo exalta a Dios como debe ser, sino que trae liberación al ama atribulada. Cuando el sufriente levanta su clamor a Dios algo sucede en su interior que lo hace sentirse bien, aliviado y libre de la opresión de dolor que está llevando. Esa es la razón por qué aquella gente alababa a Dios en medio de su dolor. Ellos sabían que la respuesta a todos sus padecimientos estaba en tornarse a Dios en adoración y en una alabanza genuina.

CONCLUSIÓN

UNA PALABRA FINAL

Para cerrar esta obra, es necesario resaltar algunas cosas muy importantes, las cuales se han plasmado en el transcurso de este trabajo y se espera que ayuden a aquellos que hayan pasado algún momento de sufrimiento en su vida o que lo estén viviendo en este momento. El objetivo es que superen el dolor y salgan adelante.

El sufrimiento es una realidad humana que no se puede negar y mucho menos evadir. De hecho, va a estar presente en todas las etapas de la vida, desde la infancia hasta la vejez y abarcará todas las áreas y el entorno del individuo. Cuando menos se lo espera va a hacerse presente y lo va a cambiar todo. Algunas veces para bien, otras veces —si no se tiene cuidado, para mal. Lo cierto es que es una realidad que no se puede desechar y mucho menos ignorar.

El mundo está plagado de dolor, quebranto y sufrimiento. Basta salir a la calle para ver el dolor manifestarse por todos lados; desde el desamparado que mendiga para comer, hasta el rico que ha perdido mucho dinero al bajar la bolsa de valores y la terrible inflación que se está viviendo. Hay quien roba, asalta y hace maldades, para terminar en la cárcel o muerto por los disparos de quien se defiende o terminar muerto en manos de la policía.

Este mundo va de mal en peor, hay pobreza, enfermedades, guerras y muchos movimientos en pro y en contra de asuntos fundamentales de la vida humana. Al escribir estas líneas, la suprema corte de justicia de los Estados Unidos falló a favor de la ley que prohíbe el aborto y lo que ha ocasionado es una revuelta por toda la nación en protestas a favor y en contra de esa decisión. Sin embargo, ese es el mundo que se vive hoy en día; un mundo revuelto con tantas ideas, que lo único que hacen es traer dolor al ser humano.

El sufrimiento humano no es algo nuevo y siempre ha estado presente en la vida diaria. Se ha podido aprender acerca de personajes bíblicos de renombre en las Escrituras que no escaparon al mismo, sino que en el momento menos esperado fueron visitados por la tragedia, la enfermedad y los contratiempos de la vida, los sacudió y los cambió para siempre.

Sin embargo, no solo los personajes bíblicos fueron sacudidos por el dolor, sino que gente común y corriente del siglo veintiuno, que sale todos los días a buscar el pan de cada día, también padece, y mucho. Lo que pasa es que de ellos se dice muy poco, ya que no son importantes para el mundo, —aunque sí para Dios. A diferencia de aquellos artistas, famosos y personas de prestigio social a quienes la prensa no falta en perseguir cuando tienen algún problema con la ley o cierto malestar físico.

No obstante, se ha aprendido sobre estos testimonios para dejarle saber el hombre, que no hay diferencia entre uno, y otro, pues el dolor humano está impregnado en la misma naturaleza y no subestima a nadie. Por lo tanto, hay que reconocer que algún día todos han de experimentar un episodio de dolor y sufrimiento, ya que este no hará excepciones y se debe estar preparado para ello.

Por otro lado, debemos mencionar que el asunto fundamental del sufrimiento humano radica, —no en el dolor— sino más bien en la forma en que los seres humanos —mayormente los creyentes, responden al mismo. Como se ha podido aprender en esta obra, muchas personas reaccionan de manera distinta a su dolor y a la tragedia humana. Unos se enojan contra Dios, contra sus semejantes o contra sí mismos, pero se espera que los que creen en Dios puedan tener una actitud diferente cuando son visitados por el dolor. Ellos no responderán con enojo, resentimiento y mucho menos se amargarán la vida por lo que les sucede, y, sobre todo, no culparan a Dios por lo que atraviesan en la vida, sino que le han de ver el lado bueno y positivo al sufrimiento. Ellos saben que, si están atravesando un mal momento, una prueba, una lucha o incluso una calamidad, es porque Dios lo ha permitido, y Él tiene el control de ello y no será tocado o cargado más de lo que pueda resistir (1 Corintios 10.13).

En este libro se ha podido descubrir que el sufrimiento tiene el poder de transformar a las personas para bien, ya que la mayor parte de veces, los padecimientos humanos son permitidos por Dios para el crecimiento, formación y preparación de aquellos a los que el Señor quiere usar y levantar. Así como lo hizo con Abraham, para hacerlo padre de una nación; o como lo hizo con José, para hacerlo gobernador de Egipto. Incluso el sufrimiento de Job, que lo permitió para ayudar al hombre de hoy a superar todos los males con paciencia; o David, o los Apóstoles, entre otros; quienes fueron sometidos a un tiempo de prueba, pero que al final salieron victoriosos y quedaron registrados como héroes de la fe.

Por lo tanto, los males humanos se convierten en una escuela, en un taller, el taller del Maestro. Dios utiliza los sufrimientos y el dolor como instrumentos de formación y capacitación para sus planes y propósitos en bien del ser humano.

Por lo tanto, si usted es alguien que está atravesando por un episodio de dolor en su vida en este momento, esta palabra es para usted. Usted no está solo o sola y mucho menos desamparado, abandonado o desprotegido. Por lo contrario, Jesús prometió estar con usted en todo momento. En la felicidad, así como en la tristeza. En la enfermedad, como en la salud. Dios no lo ha dejado ni desamparado, Él está allí, tan cerca de usted que lo puede sentir si usted desea.

Por otro lado, tenga ánimo y reciba fuerza del Señor para seguir adelante, pues él dijo: "... *No te dejaré, ni te desampararé*" (Josué 1.5). Así que la promesa de Dios para el que sufre, es que El estará presente todo el tiempo. Además, por si fuera poco, Jesús le dijo eso mismo a sus discípulos antes de partir, "... *he aquí yo estoy con vosotros todos los días, hasta el fin del mundo. Amén.*" (Mateo 28.20)

El creyente tiene la certeza de que su Dios siempre va a estar allí. Luego sigue diciendo la Biblia:

"Me invocará, y yo le responderé; con él estaré yo en la angustia; lo libraré y le glorificaré." (Salmos 91. 15). Entonces, no solo estará allí, sino que estará listo para contestar el clamor y las suplicas de aquellos que sufren. Ese es el Dios que se preocupa por sus hijos.

Por último, si usted ha pasado un episodio de dolor en su vida y se encuentra devastado por alguna noticia o por alguna tragedia, debe de saber que el Dios que todo lo puede está listo para ayudar y sanar toda dolencia, ya sea física como emocional. Todo corazón roto puede ser curado y restaurado para que pueda recibir sanidad. Estas palabras y testimonios se han escrito para decirle que no desmaye, pues Dios le dice:

> "*No temas, porque yo estoy contigo; no desmayes, porque yo soy tu Dios que te esfuerzo; siempre te ayudaré, siempre te sustentaré con la diestra de mi justicia.*" (Isaías 41. 10)

BIBLIOGRAFÍA

FUENTES IMPRESAS

Bancroft, Emery H. *Fundamentos de Teología Bíblica*; Grand Rapids Michigan: Editorial Portavoz, 1986

Berkhof, Louis. *Teología Sistemática*; Jenison, MI: T.E.L.L., 1995

Capps, Donald. *Jesus the village Psychiatrist*, Louisville, London, Westminster John Knox Press, 2008.

Comentario Bíblico de Mattew Henry; Traducido y editado por Francisco Lacueva; Barcelona, España: Editorial CLIE, 1999.

Cruz, Antonio. *Sociología una desmitificación*, Barcelona España: Editorial CLIE, 2001.

Diccionario de Ética cristiana y teología pastoral; Barcelona España: Editorial CLIE, 2004.

El pequeño Larousse Ilustrado; México D.F.: Edición Larousse, 2005

Enciclopedia Electrónica Ilumina; Nashville, TN: Caribe –Betania Editores, 2005

Foxe, John *El libro de los mártires*, Barcelona, España: Editorial CLIE, 1991.

Galán, Vicente. *Ética del comportamiento cristiano;* Barcelona España: Editorial CLIE, 1992

Grenz, Stanley J, David Guretzky y Cherith Fee Nordling. *Términos Teológicos;* El paso TX: Editorial mundo hispano, 2006

Lacueva, Francisco. *Curso de formación Teológica Evangélica;* Barcelona, España: Editorial CLIE, 1975

LaCueva, Francisco. *Comentario bíblico de Mattew Henry,* Terrassa Barcelona: Editorial CLIE, 1999.

Lyman, Jesse. *Historia de la Iglesia Cristiana,* Miami FL: Editorial Vida, 1999.

Maldonado, Jorge. *crisis, consolación y pérdida en la familia,* Grand Rapids, MI: Libros Desafio,2002.

MacArthur, John. *El poder del sufrimiento,* Grand Rapids, MI: Editorial Portavoz, 2005.

_____. *Doce hombres comunes y Corrientes,* Nashville, TN: Editorial Caribe, 2004.

Mcdowell, Josh y Bob Hostetler. Es bueno o es malo. El paso TX: Editorial Mundo Hispano, 1996

McDowell, Josh. *evidencia que exige un veredicto,* Deerfield, FL: Editorial Vida, 1993.

Maxwell, John C. *Desarrolle el líder que está en usted.* Nashville, TN: Editorial Caribe, 1996.

Munroe, Myles. *Entendiendo el propósito y el poder de los hombres.* New Kensington, PA: Whitaker House, 2003

Narramore, Clyde M. *Enciclopedia de problemas sicológicos,* Grand Rapids, MI: Editorial Unilit, 1970.

Nuevo Diccionario Bíblico Ilustrado. Barcelona, España, Editorial CLIE, 2008.

Pagola, José Antonio. *Jesús aproximación histórica,* Madrid ES: Editorial PPC, 2013.

Ramos, Marcos Antonio. *Nuevo diccionario de Religiones, Denominaciones y Sectas;* Miami, FL: Editorial Caribe, 1998

Strong, James, LL.D., S.T.D. *Nueva Concordancia Strong Exhaustiva;* Nashville, TN: Editorial Caribe, 2002

Shökel, L. Alonso and J.L. Sicre Diaz. *Job, comentario teológico y literario,* Madrid, España, Ediciones Cristiandad, S.A. 2002.

Strong, James. *Concordancia exhaustiva de la biblia,* Nashville, TN-Miami, FL: Editorial Caribe, 2002.

Trapp, Paul David. *Sufrimiento: enseñanza del evangelio cuando la vida no tiene sentido,* Graham NC, publicaciones faro de gracia, 2019.

Tinoco, Roberto. *Llamados a servir: una guía bíblica para desarrollar el ministerio cristiano,* Bloomington, IN: Westbow Press, 2020.

_____. *Llamados a servir: una guía bíblica para desarrollar el ministerio cristiano*, Bloomington, IN: Westbow Press, 2020.

_____ Roberto. *La vida cristiana: una guía bíblica para nuevos convertidos*, Bloomington, IN: WestBow Press, 2016) 28.

_____. *La deserción en la iglesia: porqué la gente se va y que Podemos hacer.* Bloomington, IN: WestBow Press, 2016.

_____. *La doctrina apostólica: una guía bíblica para nuevos creyentes*, Bloomington, IN: WestBow Press, 2021.

Yrion, Josue. *El sufrimiento y la restauración de Job*, La Mirada, CA: World Evangelism and missions Inc. 2019.

Vila Escuain, *Diccionario bíblico ilustrado*, (Barcelona España: Editorial CLIE, 1993).

Vine, W. E. *Diccionario Expositivo en Enciclopedia Electrónica Ilumina*, Orlando FL Caribe-Betania, 2005.

_____. *Diccionario expositivo de las palabras del Nuevo Testamento*, Barcelona, España: Editorial CLIE, 1984.

Wood, Leon J. *Los profetas de Israel*, Grand Rapids, MI: Editorial Portavoz, 1983.

FUENTES ELECTRÓNICAS

Control para prevención de enfermedades infecciosas, bajo CDC Guidelines for Covid-19 (Publicado junio 2020). https://www.cdc.gov/coronavirus/2019-ncov/php/infection-control.html. Consultado el 22 de abril, 2022.

Manzano, Jorge. Gale Onefile, bajo, que dicen los teólogos sobre el sufrimiento. https://go.gale.com/ps/i.do?p=IFME&u=googleschol ar&id=GALE%7CA237943451&v=2.1&it=r&sid=googleSchol ar&asid=22f041a0 Publicado en septiembre, 2009.

Mayo Clinic, bajo estadísticas del coronavirus, https://www. mayoclinic.org/es-es/coronavirus-covid-19/map. Consultado el 6 de abril, 2022.

CBSLA News. Publicado el 18 de Julio 2020. Bajo, Bishop Abel Jiménez. https://www.cbsnews.com/losangeles/news/bishop-abe l-jimenez-tabitha-esther-noemi-coronavirus/. Consultado el 28 de mayo, 2022.

Tracey Tully, The New York Times, publicado el 30 de junio, 2020.https://www.nytimes.com/es/2020/06/30/espanol/ coronavirus-familia-contagio.html. Consultado el 28 de abril, 2022.

Sitio el comercio.com, publicado el 25 de julio, 2021. https://www. elcomercio.com/actualidad/mundo/diez-personas-misma-famili a-mueren-covid19-colombia.html. Consultado el 28 de abril, 2022.

Isabel Morales, publicado el 20 de octubre, 2020.

https://cnnespanol.cnn.com/video/deni-tavares-concejal-marylan d-familia-contagios-coronavirus-pkg-isabel-morales-dusa/. Consultado el 28 de abril, 2022.

Laura Canabate, bajo, familia muere de Covid. Publicado, el 20 de enero, 2021. https://www.elperiodico.com/es/sociedad/20210120/

familiares-mueren-covid-funeral-11466941. Consultado el 28 de abril, 2022.

BBC News Mundo. Bajo, la invasión a Ucrania. Publicado el 24 de febrero, 2022. https://www.bbc.com/mundo/noticia s-internacional-60514738. Consultado el 28 de abril, 2022.

CNN en español. Bajo la invasión a Ucrania. Publicado el 23 de abril, 2022. https://cnnespanol.cnn.com/2022/04/23/ guerra-ucrania-cronologia-orix/. Consultado el 28 de abril 2022

Yurany Arciniegas, bajo torturas de la Guerra en Ucrania. https://www.france24.com/es/europa/20210703-onu-tortur a-abusos-conflicto-ucrania. Consultado el 28 de abril, 2022.

CNN. Ucrania. Publicado el 28 de abril, 2022. https://www.cnn. com/europe/live-news/russia-ukraine-war-news-04-28-22/ index.html. Consultado el 28 de abril, 2022.

Anderson Copper, CNN. https://www.cnn.com Televisado en vivo el 28 de abril, 2022.

Instituto nacional del cáncer, bajo, el sufrimiento, https://www.cancer. gov/espanol/publicaciones/diccionarios/diccionario-cancer/def/ sufrimiento. Consultado el 26 de abril, 2022.

Biblioteca nacional de medicina de Estados Unidos, bajo el sufrimiento por la perdida, https://medlineplus.gov/spanish/bereavement. html. Consultado el 26 de abril, 2022.

Sergio Bacari. *La tierra de Oz y el libro de Job. Bajo el libro de Job.* https://www.youtube.com/watch?v=KnjIYFMDIeo. Consultado en Abril 14, 2022.

Mayo Clinic, publicado en febrero 24, 2022. https://www.mayoclinic. org/es-es/diseases-conditions/broken-heart-syndrome/symptoms-causes/syc-20354617. Consultado el 18 de junio, 2022.

Real academia de la lengua. https://dle.rae.es/diccionario. Consultado el 18 de junio, 2022.

Medlineplus. https://medlineplus.gov/spanish/ency/article/000954. htm. Consultado el 18 de junio, 2022

BBC News Mundo, sobre masacre en Texas, publicado el 24 de mayo, 2022. https://www.bbc.com/mundo/noticias-internacional-61516828. Consultado el 26 de mayo, 2022.

Sneha Dey, *The Texas Tribune*, Publicado mayo, 24, https://www. texastribune.org/2022/05/24/uvalde-texas-school-shooting/.

Bernd Debusmann Jr. BBC News, publicado el 27 de mayo, 2022. https://www.bbc.com/news/world-us-canada-61569655. Consultado el 27 de mayo, 2022.

CNN Español, publicado 24 de mayo, 2022. https://cnnespanol. cnn.com/2022/05/24/cuantos-tiroteos-masivos-estados-unidos-2022-orix/. Consultado el 26 de mayo, 2022.

Bajo, Libre albedrío. https://dle.rae.es/albedr%C3%ADo#Pjn 8tS8. Consultado el 19 de Mayo, 2022.

Erica Shernofsky, bajo Abraham y Jerusalén. https://www.bbc.com/ mundo/noticias/2014/11/141118_israel_jerusalen_ciudad_sagrada_men. Consultado el 21 de abril, 2022.

Diccionario enciclopédico de biblia y teología, Biblia Work. https://www.biblia.work/diccionarios/sinagoga/ Consultado el 7 de abril, 2022.

Seminario Reina Valera, Historia eclesiástica, bajo persecuciones imperiales. http://www.seminarioabierto.com/iglesia06 .htm Consultado el 5 de mayo, 20

The Free Dictionary By Farlex, bajo definición de amargura. https://es.thefreedictionary.com/amargura. Consultado el 24 de mayo, 2022.

Virginia Langmaid, CNN español, publicado el 3 de noviembre, 2021. https://cnnespanol.cnn.com/2021/11/03/tasas-suicidio-disminucion-estados-unidos-2020-trax/. Consultado el 20 de mayo, 2022.

Iglesia de Dios Unida una asociación Internacional, *¿Por qué Dios permite el sufrimiento?* https://espanol.ucg.org/herramientas-de-estudio/folletos/por-que-dios-permite-el-sufrimiento. Consultado en mayo 16, 2022.

Iván Gutiérrez, biteproject.com, *lo que creen los estadounidenses respecto a Dios y el sufrimiento,* Publicado el 30 de noviembre, 2021. https://biteproject.com/pew-cristianos-mal-sufrimiento-y-grandes-preguntas-de-la-vida/. Consultado el 18 de mayo, 2022.

Fuente: https://es.wikipedia.org/wiki/Blaise_Pascal. Consultado el 21 de mayo, 2022.

Fuente: https://www.biografiasyvidas.com/biografia/s/spinoza.htm. Consultado el 21 de mayo, 2022.

https://go.gale.com/ps/i.do?p=IFME&u=googlescholar&id=-GALE%7CA237943451&v=2.1&it=r&sid=googleScholar&asid=22f041a0. Consultado el 18 de abril, 2022.

Significados.com, bajo integridad, https://www.significados.com/integridad/. Consultado el 7 de mayo, 2022.

Maurice Lamm, es.chabad.org, https://es.chabad.org/library/article_cdo/aid/754874/jewish/Por-que-se-hace-la-Kria-Rasgadura-de-las-vestimentas-en-el-funeral.htm. Consultado el 30 de mayo, 2022.

Ada.com bajo el síndrome de burnout. Publicado el 7 de abril, 2022. https://ada.com/es/conditions/burnout/. Consultado el 23 de junio, 2022.

CEAM Bienestar. http://www.ceambienestar.com/estres-y-sindrome-de-burnout-o-del-quemado/.

Printed in the United States
by Baker & Taylor Publisher Services